LIBRE DE LA MANIPULACIÓN

CÓMO DESATARSE DE RELACIONES ABUSIVAS

CARLOS MRAIDA

La misión de Editorial Vida es ser la compañía líder en comunicación cristiana que satisfaga las necesidades de las personas, con recursos cuyo contenido glorifique a Jesucristo y promueva principios bíblicos.

LIBRE DE LA MANIPULACIÓN
Edición en español publicada por
Editorial Vida – 2014
Miami, Florida

Este título también está disponible en formato electrónico.

Editora en Jefe: *Graciela Lelli*
Edición: *Madeline Díaz*
Diseño interior: *Mauricio Díaz*

ISBN: 978-0-8297-6316-4

CATEGORÍA: Vida cristiana/ Relaciones

IMPRESO EN ESTADOS UNIDOS
PRINTED IN UNITED STATES

14 15 16 17 18 **RRD** 6 5 4 3 2 1

Contenido

Introducción

«Las personas que cometen actos malvados tienden a verse a sí mismas como las víctimas de aquellos a quienes persiguen».

—ROBERT Y KARIN STERNBERG, *La naturaleza del odio*

María Belén camina con la cabeza gacha, arrastrando los pies. Es anoréxica. Pareciera que estuviera cargando un peso enorme sobre su espalda. Se muestra siempre apática, desganada. Su mamá, Isabel, es una mujer de treinta y siete años que se casó joven. La historia clínica de la vida de Isabel no ha sido fácil. Jamás se sintió amada, ni valorada, ni respetada, ni protegida.

Esto ha hecho que inconscientemente utilice la relación con su hija para satisfacer sus propias necesidades afectivas. La falta de control en su vida hace que ejerza un control excesivo sobre la vida de María Belén. Su falta de valoración hace que de continuo le eche en cara a su hija los sacrificios y desvelos que hace por ella.

Su necesidad de respeto insatisfecha la lleva siempre a ver en cada actitud adolescente de su hija una falta de respeto grave. Ella está evaluando todo el tiempo a María Belén, a quien se le demanda de manera continua que pruebe su amor por su mamá.

Esto provoca en María Belén gran angustia y una enorme presión. Siente que haga lo que haga para satisfacer a mamá, jamás lo logrará. Su personalidad se caracteriza por la inseguridad y el temor a fracasar, recibir desaprobación y ser rechazada.

Para llenar sus vacíos, Isabel amenaza a María Belén con castigos y prohibiciones tontas. La llena de culpa. Siempre tiene razón. Jamás reconoce que ella fue la que se equivocó en algo. La critica y casi nunca la valora. La castiga no hablándole y permaneciendo enojada durante días. Le dice siempre que la defraudó y decepcionó.

Isabel no ve en María Belén a otra persona, sino que inconscientemente la considera un espejo, alguien a través de quien ella intenta suplir sus necesidades y alcanzar sus expectativas insatisfechas.

El vínculo enfermizo se profundiza con la tendencia permanente de Isabel a victimizarse. De este modo, se establece un círculo vicioso: exigencia desmedida y antinatural, imposibilidad de satisfacción, victimización, amenaza, culpa, desvalorización y rebeldía.

María Belén sufre de serios trastornos en su personalidad y su alimentación, por lo que se encuentra bajo tratamiento profesional.

*   *   *

José está siendo atendido por ser protagonista de un caso de violencia de género. Al responder a por qué le pegaba a su esposa, indicó: «Nuestra relación siempre fue difícil. Al principio de nuestro matrimonio Marta era un ama de casa dedicada, que atendía a nuestros hijos. Yo era el único sostén de la familia. Mi función era volver cada noche al hogar con el dinero, y la de ella tener la casa, la comida y los chicos en orden. No había comunicación entre nosotros. Yo sentía que ella administraba el sexo y lo usaba para lograr algo de mí. Se trataba de un canje. De pronto, dijo que quería estudiar. Mientras no descuidara la casa, no vi ningún problema. Ella se graduó. Luego quiso trabajar. Y como nuestros hijos ya no eran pequeños, consideré que unos pesos más nos vendrían bien. Sin embargo, al alcanzar la independencia económica, ella ya no necesitó más el "trueque sexual", así que su negativa a la intimidad se volvió algo frecuente. Y desde entonces dice que ya no siente nada por mí, no se ocupa de la casa, nuestros chicos están como perdidos, y esto me saca de quicio y me violenta».

*   *   *

Mariela y Diego son dos cristianos del grupo de jóvenes mayores de una congregación urbana. Los dos tienen deseos de formar una pareja. De modo que empezaron a relacionarse entre ellos de una manera diferente a como lo hacen con el resto del grupo. Comenzaron saliendo como amigos al cine y a cenar. Y han podido poco a poco romper con el aislamiento que caracteriza a muchos jóvenes de esa misma edad y situación afectiva. Sin embargo, nunca avanzaban más allá de esa amistad.

Mariela tenía una gran ilusión de que la amistad pasara a la categoría de un noviazgo formal. Y por momentos Diego le daba señales de querer tener una relación afectiva seria. No obstante, cuando todo parecía estar «a punto de caramelo» para que él le propusiera ser novios, Diego desaparecía por varias semanas sin dar señales de vida. Luego «resucitaba» y se comportaba como el más caballero y romántico de todos los hombres. Y otra vez Mariela quedaba fascinada, solo para sufrir otra decepción con el tiempo. Esto le provocaba una gran incertidumbre y un gran desgaste emocional y aun espiritual. Ya no sabía cómo orar.

La joven le comentó el asunto a su líder, y ella la animó a que confrontara a Diego, hablándole claramente. Así lo hizo. Diego le dijo que ella era especial para él, pero que no estaba seguro de querer comprometerse, que mejor dejaran las cosas como estaban para no lastimarse. Quedaron en seguir siendo amigos, aunque a corto plazo ambos mantendrían una distancia suficiente para no generar malos entendidos entre ellos. Hasta terminaron orando juntos. Mariela regresó dolida a su casa, aunque también tranquila por saber al menos lo que le esperaba.

A las dos semanas del acuerdo de distanciamiento, Diego volvió a la carga con un ímpetu desconocido. Le dijo a Mariela que no quería perderla y deseaba iniciar una relación de noviazgo. Mariela, llena de alegría y entendiendo que Dios contestaba por fin a sus oraciones, le dijo que sí, de modo que entablaron una relación afectiva. Pocos días después de cumplir su primer mes de noviazgo, Diego le dijo que sentía dudas, que prefería tomarse un tiempo para estar seguro. Mariela le preguntó qué había hecho mal para que en tan poco tiempo él vacilara. Le aseguró que estaba dispuesta a cambiar. Sin embargo, Diego le explicó que el problema no era ella, sino él, y que necesitaba tiempo. Otra vez Mariela volvió sola a su casa, triste, decepcionada, pero ahora también sintiéndose culpable por no haber sabido darle a su novio lo que él necesitaba.

A los pocos días, Diego reapareció en escena, otra vez con toda su vehemencia afectiva y verbal, diciéndole que el tiempo que estuvieron separados le sirvió para saber cuánto la amaba. Mariela tocaba el cielo con las manos, mientras su corazón parecía salírsele del pecho.

Todo marchó sobre rieles durante los próximos meses. No obstante, Diego de pronto comenzó a mostrarse más distante y frío en la relación con su novia. Mariela lo percibió de inmediato, y al ver que la situación continuaba por varios días, lo confrontó, preguntándole qué le pasaba. Después de muchas idas y vueltas, negaciones e insistencias, finalmente Diego le confesó: «No sé. Estoy confundido. Sé que te amo, pero hay una compañera de trabajo por la que me siento atraído». Esta vez, Mariela no se entristeció, sino se enfureció. Lo dejó plantado en la confitería en la que se encontraban y se fue enojada a su casa. Con el paso de las horas, el enojo hacia Diego se convirtió en enojo contra ella misma: «¿Por qué fui tan estúpida?», se reprochaba. Un profundo sentimiento de desvalorización la embargó. Se sintió fea, tonta y poco atractiva en comparación con su competidora desconocida. Las punzadas de la soledad atravesaron su pecho provocándole gran angustia y dolor. Las viejas sombras del fantasma de ser toda su vida una solterona volvieron a cubrirla.

Como si nada hubiera sucedido, Diego retomó el contacto con su «novia» después de un doloroso silencio de días, y le aseguró que lo de su compañera de trabajo «ya había pasado». Mariela sabía que si aceptaba su propuesta de continuar con la relación, este patrón de comportamiento de idas y vueltas continuaría. No obstante, su temor a quedarse sola fue mayor. Así que volvieron a ser novios. Desde entonces, tal como Mariela sospechó, ese patrón de indefinición afectiva se ha repetido en varias oportunidades, sumiendo una y otra vez a Mariela en pozos depresivos, noches angustiosas y temores recurrentes.

* * *

Carla es una chica preciosa con un potencial enorme. Ama a Dios y le sirve en su grupo de jóvenes de la iglesia con pasión. Tiene dieciocho años y se enamoró de Leandro, un joven que empezó a asistir al grupo no hace mucho. Se han hecho novios y llevan algunos meses en esta relación. Carla está cada día más enamorada de su novio. Sin embargo, no están atravesando el mejor momento. Sucede que Leandro la ha estado presionando para tener relaciones sexuales. Carla tiene claro lo que Dios enseña al respecto y se lo ha dicho a su novio, más desconocedor de los principios bíblicos. Leandro, por su parte, no entiende que si su novia lo ama como dice, no puedan demostrarse ese amor por medio de las relaciones sexuales. Así que comenzó a presionarla y presionarla sin cesar y por todos los medios. Le pidió la famosa prueba de amor que le demostrara que en verdad lo amaba. La amenazó con dejarla. La persiguió con supuestos celos, diciéndole que no tenía relaciones sexuales con él porque en realidad estaba enamorada del hijo del pastor, de modo que su relación actual era solo temporal, mientras esperaba que el hijo del pastor se interesara en ella. La culpó de hacerlo infeliz. Trató de seducirla aun más y capturar su corazón siendo excesivamente romántico. Le hizo regalos. La tuvo castigada sin hablarle por varios días. Finalmente, Carla, que tenía claras sus convicciones cristianas, cedió ante tanta presión y accedió a tener relaciones sexuales con su novio. Desde entonces se siente mal, sucia, culpable. Mientras tanto, Leandro ya no manifiesta tanto interés en la relación como antes.

* * *

El sonido de la sirena de la ambulancia «despertó» a la realidad a todo su círculo familiar y escolar. Santiago era llevado al hospital de urgencia porque había querido suicidarse.

Su mamá, mientras lloraba con desesperación, no entendía lo que había sucedido con su hijo de catorce años. Qué fue lo que lo llevó a una determinación semejante. Su padre, apoyado en la pared del pasillo de espera de la sección de emergencias del hospital, permanecía en silencio con la vista perdida, tratando de encontrarle alguna respuesta a lo que no tenía explicación para él.

La hermana mayor de Santiago sí había notado un cambio en el chico desde hacía un año. Ese muchacho alegre y jovial empezó a tener comportamientos extraños. Se encerraba en su habitación, siempre solo. Se le veía desganado, triste, nervioso. No obstante, ella lo atribuyó a esa etapa de la vida. Después de todo no era el primer adolescente que se sentía así. Y pensó que a medida que creciera volvería a ser el de antes.

Sin embargo, lo que en realidad sucedió fue que al comenzar la escuela secundaria, también empezó el infierno para Santiago. Ya no contaba más con su grupo de amigos de la escuela primaria junto a los que había vivido tan buenos momentos. Y su nuevo entorno social resultó ser altamente traumático para él. Entre sus nuevos compañeros había uno, Juan Pablo, que había repetido y rápidamente se convirtió en el líder negativo de la clase. Por desgracia, Santiago llegó a ser una de sus víctimas preferidas.

El nivel de hostigamiento y violencia emocional era muy elevado. Las autoridades del colegio no advirtieron nada «raro». Mientras el «macho alfa» no creara problemas colectivos de disciplina, todo estaba en orden. Juan Pablo era muy astuto para su edad, y aunque su rendimiento académico era malo, no les creaba mayores problemas durante las clases a los profesores. No obstante, cuando sonaba el timbre que anunciaba la finalización de la clase y el comienzo del recreo, empezaba la tortura para Santiago. La burla, el desprecio, la exclusión, el rechazo y la discriminación iban acompañados de algunos actos de violencia física, ya que Juan Pablo se aprovechaba de ser un año mayor y de su desarrollo físico superior.

Todo esto contaba con el silencio de la mayoría de los compañeros y la complicidad de cuatro o cinco, los cuales acompañaban el constante acoso de Juan Pablo a Santiago con sus risotadas y más burlas, conformando la pandilla del cruel cabecilla. De esta manera,

Juan Pablo sentía que era reconocido por los demás como líder y llamaba la atención de todos. Un reconocimiento y una atención que no recibía en casa ni lograba por sus atractivos físicos o su rendimiento escolar.

Por su parte, Santiago se sentía aterrado, rechazado por todos, apocado y triste. Sin saber qué hacer, cómo reaccionar o a quién pedirle ayuda. En algún momento le dijo a su padre que no quería ir más a ese colegio. No obstante, como a causa del abuso sufrido el chico había empezado a bajar sus notas, su papá interpretó el comentario de Santiago como el de un «vago». Enérgicamente, le dijo: «Ir al colegio es tu obligación, así como la mía es trabajar para darte de comer y que estudies. No se habla más de esto». De modo que Santiago no habló más del asunto.

Poco a poco se fue quedando solo. Al principio de año, contaba con la amistad de su compañero de banco. Sin embargo, rápidamente Juan Pablo se encargó con amenazas de aislarlo, de impedir esa amistad. Ante la violencia emocional y física sufrida, Santiago no podía ni siquiera llorar, ya que en la ocasión en que lo había hecho Juan Pablo lo estigmatizó, llamándolo de ahí en adelante, y logrando que su pandilla también lo hiciera, el «mariquita».

Juan Pablo distorsionaba cualquier cosa que Santiago hacía, de manera tal que su imagen ante los demás fuera negativa y el rechazo aumentara. Disfrutaba al ver cómo el grupo percibía no solo su liderazgo atemorizante, sino también su dominio psicológico y físico sobre Santiago.

El caso de Santiago es un ejemplo típico de lo que hoy se llama *bullying*, una palabra inglesa que deriva del término *bully*, el cual significa abusador, acosador. Con el nombre de *bullying* se define en la actualidad el acoso o abuso escolar que millones de niños, y en especial los adolescentes, sufren hoy en día.

* * *

Jorge fue a ver a su médico clínico porque no se sentía bien. Los dolores en el pecho acompañados de palpitaciones eran cada vez más frecuentes. La tensión en la zona cervical cada día era mayor. No podía descansar bien, sino al contrario, se despertaba varias veces en la noche sobresaltado. Ya no tenía fuerzas para nada ni capacidad de concentración. El agotamiento era físico, emocional y espiritual.

Su médico le diagnosticó que sufría del *síndrome de burnout*. «¿Qué?», exclamó Jorge. El doctor le explicó que esto significaba que «estaba quemado». Su cerebro había dicho basta como resultado de un prolongado estrés laboral. Al igual que cuando alguien baja el interruptor de la electricidad general, él se había quedado internamente a oscuras.

Sin embargo, lo que Jorge padecía era más que dicha patología laboral. Además de su sintomatología física, tenía su autoestima por el piso, estaba deprimido, o mostraba mucha ira contenida, elevada irritabilidad y poca tolerancia. Se consideraba en ciertos momentos víctima y en otros culpable.

En efecto, su cuadro respondía a una cuestión laboral, y las manifestaciones de estrés eran también más que evidentes. No obstante, de una manera más específica, Jorge había sido víctima durante meses de *mobbing*, una palabra que define el acoso laboral que sufre una persona. Este puede ser provocado por los compañeros o, como sucede en la mayoría de las ocasiones, por un superior. Tal era el caso de Jorge. A este tipo de acoso se le llama también *bossing*, un término derivado del vocablo inglés *boss*, que significa jefe. Es decir, Jorge había estado siendo víctima del hostigamiento permanente de su jefe.

Todo había comenzado cuando en la oficina pública en la que Jorge trabajaba quedó un puesto vacante. Él había trabajado durante años en esa dependencia y reunía todos los requisitos para merecer ese puesto. Sin embargo, su superior consideró que asignarle tal posición dejaría un hueco en el área en la que se venía desempeñando. Así que aunque Jorge tenía bien ganado ese ascenso, prefirió probar con Martín, de quien pensaba que podría desempeñarse en el puesto vacante a pesar de que tenía menos méritos que Jorge. Sin embargo, como no estaba del todo seguro, le asignó el puesto «a prueba por unos meses». Estos fueron los peores meses de la vida de Jorge, ya que Martín pasó a ser durante ese tiempo su jefe inmediato. Y debido a que sabía que estaba a prueba en un puesto que le hubiera correspondido a Jorge, su ambición, su inseguridad y su envidia motorizaron a Martín para hacerle la vida imposible.

Con una gran habilidad, sutilezas que hicieron imperceptible su acoso, un gran carisma y una capacidad discursiva para ganarse al resto del personal y a su superior, empezó a hostigar a Jorge tratando de dejarlo en evidencia como alguien falto de competencia, improductivo y generador de problemas. Hacía uso de su capacidad histriónica para burlarse de su compañero y provocarlo. Jorge es un creyente con sólidos principios éticos, pero muy poco asertivo, es decir, tiene dificultades para mantenerse firme y exigir en buenos términos que se le respete. Él pensó que esta era una prueba que Dios le ponía para ejercitar la paciencia, el dominio propio, y dar buen testimonio ante los demás. Creyó que Martín se comportaba así porque eran las primeras semanas en su nueva posición y sabía que estaba a prueba, siendo él su contrincante principal para el puesto definitivo, pero que con el correr del tiempo la cosa mejoraría.

Sin embargo, al pasar los días la situación no solo no mejoró, sino que empeoró. En algunos momentos Martín le gritaba a Jorge, lo denigraba, mientras que en otros lo ignoraba con el mayor de los silencios, menospreciándolo y haciéndole sentir que no existía. En ocasiones le asignaba objetivos inalcanzables y luego lo hacía ver como improductivo. Otras veces le daba tareas contra reloj, imposibles de cumplir en el tiempo establecido, con el fin de presentarlo como ineficiente. Lo sobrecargaba de trabajo. Y se atribuía ante su superior los logros que había alcanzado Jorge. La provocación resultaba constante. El objetivo perseguido por Martín era quebrantar a Jorge psicológicamente con el propósito de que explotara y así le diera una razón para pedir su castigo o su despido, o que cansado de tanta presión decidiera renunciar a su empleo.

Si bien Jorge pudo mantenerse en su trabajo sin explotar violentamente, experimentó una implosión que derivó en una profunda depresión. Como buen cristiano, soportó las reiteradas humillaciones a las que lo sometió Martín, pero no pudo superar un profundo deterioro de su autoestima. En muchas ocasiones se tragó las ganas de gritar, pero su pecho y su corazón están sufriendo de dolor y taquicardia. Logró no violentarse con su jefe temporal, pero su irritabilidad creciente y su intolerancia la sufrieron su esposa y sus hijos en casa. Tuvo fuerzas para mantener su trabajo, pero perdió definitivamente sus fuerzas físicas y emocionales, cayendo en una fatiga crónica de la que le llevará meses recuperarse. Pudo superar el odio hacia Martín, pero todavía no ha podido superar la encubierta amargura contra Dios, que permitió que sufriera tanta injusticia.

* * *

Marcos tiene seis años y cada vez que debe dejar el hogar de su papá y volver a su casa, donde vive con su mamá, se hace pis en la cama. A pesar de disfrutar de esas pocas horas que esporádicamente puede estar con su papá, la última noche que pasa con él siempre hay sábanas y colchones mojados. Su psicólogo pudo detectar que la causa de la enuresis era el temor que Marcos sentía por lo que sabía sucedería en los siguientes días al regresar a su casa. Su madre canalizaría su odio a su antiguo esposo por medio de maltrato hacia su hijo: con enojos, silencios prolongados, amenazas, represalias, irritabilidad permanente, intolerancia, acusaciones y variadas escenas de celos. El terapeuta de Marcos diagnosticó que el chico sufría de Síndrome de Alienación Parental.

Este trastorno se produce cuando uno de los padres controla y fuerza a su hijo mediante distintas estrategias con el objeto de impedir, obstaculizar o destruir sus vínculos con el otro progenitor. En un alto porcentaje de divorcios se presentan situaciones traumáticas para los niños. La lucha por la custodia, la división de bienes, una nueva relación de pareja, el nacimiento de un nuevo hijo, las salidas y los horarios de visitas son algunas de las circunstancias que desencadenan discusiones y peleas entre los padres, las cuales terminan afectando de manera negativa y significativa a los hijos. Lamentablemente, cada vez hay más padres que les inculcan a sus hijos un odio hacia el otro progenitor, y si no lo logran, se vengan contra ellos por medio de la culpa, el temor y la victimización.

* * *

Los cultos nunca duran menos de cuatro horas. Esto obviamente no sería un problema si no fuera porque nadie puede levantarse ni siquiera para ir al baño. Los pocos que osaron hacerlo fueron dura y públicamente reprendidos desde el podio por el pastor. El caso supera la cuestión de un celo excesivo por la reverencia en el culto. Es solo un detalle más de todo un patrón de control pastoral sobre las vidas de los miembros de esa iglesia.

María asistía a esta congregación junto a sus dos hijas. Las tres estaban entre los miembros más involucrados en el servicio. En su casa, las discusiones con su marido, un creyente que no se congregaba, eran constantes debido a que su esposo expresaba todo el tiempo sus sospechas en cuanto al pastor, sus quejas contra la iglesia, y su demanda totalitaria del tiempo de su esposa e hijas.

En realidad, María y sus dos hijas el domingo no estaban en casa en todo el día, ya que formaban parte del equipo de colaboradores que ayudaban en las múltiples tareas en los diferentes cultos que la congregación realizaba. El lunes, cuando su esposo llegaba de trabajar, no encontraba a ninguna de las tres, pues esa noche se llevaba a cabo en la iglesia la escuela de líderes, la cual era obligatoria para todo aquel que quisiera servir en algo dentro de la congregación. Los martes por la noche las tres lideraban una célula de multiplicación. El miércoles tenían que hacer la consolidación de los nuevos creyentes y los hermanos que asistían a su célula. El jueves era el día del ayuno y el culto de oración, también obligatorio para todos los servidores. El viernes era el día en que las tres asistían a la célula de crecimiento que lideraba la esposa del pastor con su selecto grupo de líderes más cercanos. El sábado en la mañana María permanecía en casa y dedicaba esas horas a cocinar para toda la semana, así su esposo no se quejaría de que no le dejaba la comida lista en el refrigerador. Durante las noches, también estaba en su casa los sábados, pero sus hijas no, ya que tenían la actividad juvenil. Sin embargo, no había sábado en el que pudieran salir a pasear como familia, pues por las tardes María también tenía responsabilidades en la actividad infantil, de manera que el día estaba dividido.

Ante las quejas de su esposo, María y sus hijas lo acusaban de ser un creyente frío y mundano. Defendían a su pastor, que era «el ungido de Dios», y lo amenazaban recordándole la historia de David y Saúl: cómo David no se atrevió a tocar al ungido y lo que le sucedió a Saúl por perseguir a David luego de que Dios lo hubiera elegido como el nuevo rey. Manejaban esta historia a la perfección, ya que era una de las más repetidas en la escuela de líderes y la célula de crecimiento por parte del pastor y la pastora.

A pesar de ser su líder principal e inmediato, a María no le caía nada bien la esposa del pastor. Las constantes humillaciones a las que sometía a las personas que lideraba cuando no alcanzaban los objetivos numéricos y la cantidad de fondos que esperaban recaudar en sus respectivas células, sus actitudes de superioridad y desprecio por la manera de vestirse de las demás mujeres de la iglesia, así como sus críticas constantes a todo el mundo, eran comportamientos difíciles de digerir para María. No obstante, cada vez que algún pensamiento así venía a su mente, ella se reprendía a sí misma y ataba al espíritu de Jezabel, como su pastor le había enseñado, sujetándose a la esposa del ungido y dando grandes muestras de dominio propio. Y a pesar de que resultaba de conocimiento público que las relaciones entre el pastor y su esposa no eran buenas, delante de Dios ella seguía siendo la esposa del ungido.

La esposa del pastor había prohibido el noviazgo de una de las hijas de María. El muchacho era uno de los líderes de alabanza. Y la hija mayor de María se había enamorado de él. Habían orado por un tiempo para que Dios confirmara la relación, pero cuando conforme al protocolo que la congregación exigía fueron a pedirles permiso a sus líderes para hacerse novios, la esposa del pastor dijo que no. Y a pesar de los llantos y ruegos de la chica, se mantuvo firme en su negativa, alegando que Dios le había mostrado que ese chico no era para ella. El muchacho protestó y fue disciplinado, no pudiendo ministrar más durante la alabanza. Desde ese momento, la hija mayor de María continuó congregándose y sirviendo como líder, pero nunca más fue la misma. Una tristeza permanente había reemplazado a ese espíritu jovial que la caracterizaba.

El tono de las discusiones de María con su esposo fue creciendo cuando él notó que ella los sábados en la mañana cocinaba empanadas en cantidades mayores a las que ellos podían consumir como familia durante la semana. Cuando le preguntó a su esposa al respecto, ella le explicó que esto era a fin de recaudar fondos para la construcción del nuevo templo. Ya habían discutido en el pasado por las exigencias económicas de la iglesia. Esta fue una de las razones por las que su esposo dejó de congregarse. Se sentía abusado por la cantidad de «ofrendas especiales» que se pedían en los cultos. A pesar de no congregarse, nunca puso obstáculos para que diezmaran, ya que había sido muy bien enseñado en cuanto a esto en su familia paterna. Sin embargo, le fastidiaba que en todos los servicios se recogiera una «ofrenda especial» y que a este momento se le dedicara tanto tiempo del culto. Cada domingo había una razón diferente para la ofrenda especial: el programa de televisión, el programa de radio, las misiones, el hogar de niños y miles de cosas más. Su disgusto radicaba en que nunca se sabía exactamente el destino que se le daba a lo recaudado, y mucho menos en qué se usaba el dinero del diezmo, haciendo que luego fuera necesario pedir ofrendas especiales. Por supuesto, sus protestas eran interpretadas por su esposa e hijas como las expresiones de un «Absalón carnal, rebelde, desobediente y avaro».

No obstante, la cosa se complicó cuando en la iglesia empezaron los rumores de que los fondos para la construcción del nuevo templo habían desaparecido. El pastor trató de dar una explicación sobre un robo que había ocurrido, pero fue decididamente poco convincente. El «ladrón», refiriéndose a Satanás, había atacado a la iglesia y ahora se vestía de «destructor» para dividirla con murmuración y rebelión. La bomba estalló cuando a las pocas semanas un predicador invitado, amigo del matrimonio pastoral, les agradeció ingenuamente en público durante una reunión de la escuela de líderes a los pastores por «haberles facilitado a él y su esposa su flamante casa», ubicada en uno de los balnearios más selectos de un país vecino. Fueron muy pocos los que no asociaron el robo del dinero para el templo con la nueva casa de veraneo de los pastores. María, que era una mujer inteligente, no podía dejar de pensar en esto. Con todo, una vez más se reprendió, ató al espíritu de Jezabel, y trató de acallar tanto las voces internas como las de otros líderes de la iglesia, que no dejaban de hablar del tema en secreto y por los pasillos.

Los comentarios llegaron a los oídos del esposo de María, ya que como él se congregaba antes en esa iglesia, tenía muchos amigos de allí. Cuando María regresó ese viernes tarde en la noche de la célula de crecimiento, su esposo la estaba esperando con una maleta hecha, y con mucha tranquilidad, sin siquiera levantar la voz, contrariamente a lo que siempre hacía, le comunicó que tenía la firme determinación de divorciarse de ella a causa de esa iglesia y se iba a vivir con su madre.

María habló con su pastora pidiéndole que por favor le dijera al pastor que hablara con su esposo para que recapacitara y volviera a la casa. El pastor, conociendo al esposo y los motivos por los cuales primero se había ido de la iglesia y ahora había dejado su hogar, se negó a ir a verlo, argumentando que tenía mucho trabajo y enviaría a uno de los líderes a visitarlo, cosa que nunca hizo. María se sintió usada y una gran decepción inundó su ser. El Espíritu Santo en los días siguientes le quitó las escamas de sus ojos y le hizo ver cómo ella y muchas otras personas estaban cegadas a lo que venía ocurriendo desde hacía tanto tiempo.

Cuando en la sesión de consejería de otra congregación María trataba de explicar lo vivido, dijo: «Estaba como hechizada, el poder de seducción del pastor sobre mi vida no me permitió ver lo que estaba sucediendo. Y no solo me sucedió a mí, sino a muchísima gente».

* * *

¿Qué tienen en común todas estas historias? Aunque con toda intención no la he mencionado en las líneas anteriores, la palabra que recorre transversalmente todos estos relatos y constituye el mínimo común denominador de todas las historias es una: *manipulación*. Y aunque los testimonios responden a situaciones absolutamente distintas unas de las otras, todas tienen en común que son protagonizadas por dos tipos de personas: los manipuladores victimarios y las víctimas de la manipulación.

Manipular significa manejar. Y lo que se manipula son los objetos. Antiguamente, la palabra manipular tenía un único significado. Hacía referencia a la acción del ser humano de manejar objetos. Es decir, había una diferencia clara entre el sujeto y el objeto, entre la persona y la cosa. No se consideraba solo que el hombre era el único capaz de manipular, sino que en especial se entendía que únicamente las cosas inanimadas podían ser manipulables. Sin embargo, hoy en día la relación entre el sujeto y el objeto ha cambiado, observándose a diario una infinidad de ejemplos de manipulación de unas personas hacia otras.

Cuando se manipula a una persona, tiene lugar una cosificación del ser humano. Se considera a la persona manipulada como un objeto con el que se puede hacer lo que se desea. Es decir, se ejerce un dominio sobre esa persona. La palabra dominio significa señorío, y el único que tiene señorío sobre las personas es Dios. Así que cuando manipulo a alguien, me estoy poniendo en la posición de Dios, ya que ningún ser humano puede ejercer dominio o señorío sobre otro. Cuando lo hago, estoy robándole a Dios su lugar y a la otra persona su dignidad. La rebajo a la condición de una cosa dominada por mí.

Los tiranos de todos los tiempos manipulaban a los pueblos y los sometían a torturas de todo tipo, no tanto porque desearan que la gente sufriera, sino porque de esa manera todos eran conscientes del dominio del opresor sobre sus vidas. Al ser tratados como cosas, perdían la conciencia de lo que era la dignidad y la libertad, de modo que ya no intentaban liberarse de la opresión ni unirse con el fin de resistir a la tiranía.

La manipulación no solo se ejerce por la vía de la violencia, sino como vamos a ver se puede ejercer también por la vía de la seducción. No obstante, en todos los casos, se trata de un dominio forzoso del otro, de doblegar la voluntad de la otra persona para que haga lo que yo quiero. Así que el manipulador va a usar diferentes estrategias para lograr su cometido: dominar.

Cuando la persona es reducida a la condición de objeto, experimenta los peores sufrimientos. Su personalidad queda marcada. Su mentalidad se ve afectada de manera definitiva. Como podemos observar en todos los relatos que hemos compartido, así como en miles de historias más, la palabra manipulación no solo es un mínimo común denominador, sino que hay un segundo elemento compartido. En todas las relaciones donde está presente la manipulación hay *sufrimiento*.

Por eso he decidido escribir este libro. Tengo una triple pretensión al hacerlo. Primero, que las muchísimas personas que han sufrido a causa de los manipuladores puedan entender lo que les ha sucedido, por qué les pasó, y sean sanadas. Segundo, que los que han permitido que la manipulación sea un patrón de comportamiento en sus vidas y su manera de relacionarse con los demás comprendan el daño que producen, por qué se han convertido en manipuladores, y también sean sanados. Y tercero, que el material de este libro sirva como una prevención que nos evite a todos ser víctimas de la manipulación y nos alerte a fin de no convertirnos en victimarios que lastiman a otros.

En las páginas siguientes vas a entender que el hecho de ser manipulado es resultado de algo que tú permites. Siempre habrá manipuladores. Así que no es lo que otros hagan, sino lo que tú permitas, lo que te acarreará sufrimiento. Y tal vez el primer paso para tomar las riendas de tu vida y no dejarte manipular más sea continuar leyendo este libro.

La Halajá o ley oral judía es la recopilación de las principales leyes talmúdicas y rabínicas. En ella se establece la prohibición de manipular una serie de objetos en el día de reposo. Los rabinos utilizan una palabra, *muktzeh*, para hacer referencia a las cosas cuya manipulación está prohibida durante los días sábados o las fiestas judías. *Muktzeh* significa separado o colocado aparte, y por ende prohibido de ser manipulado.

En Cristo Jesús eres alguien separado, colocado aparte por Dios y consagrado a él. Por lo tanto, definitivamente nunca más puedes permitir que te manipulen, ya que Dios ha establecido que tu vida toda sea una fiesta, no una condena al sufrimiento. Dios determinó que tu vida sea *muktzeh*, es decir, no manipulable. Él no accede a que nadie te manipule. Si lo permites, jamás tendrás reposo. Tu vida es santa, de modo que no debes consentir más en que alguien la manipule. De igual manera, como tu vida es santa, no puedes ser más partícipe de las obras de Satanás, permitiendo que el diablo te use para manipular a los demás. Oro que sigas leyendo este libro hasta el final, pero sobre todo, que de ahora en adelante declares que tu vida es *muktzeh*.

«Conságrense a mí, y sean santos, porque yo soy el SEÑOR su Dios» (Levítico 20.7). «Sean santos, porque yo soy santo» (1 Pedro 1.16).

CAPÍTULO 1

¡VETE!

«Pocas tragedias pueden ser más amplias que el retraso en el crecimiento de la vida, pocas injusticias más profundas que la negación de una oportunidad de luchar, o incluso la negación de la esperanza, por un límite impuesto desde fuera, pero falsamente identificado como parte».

—STEPHEN JAY GOULD

Una caravana de mercaderes de camellos que atravesaba el desierto se detuvo y acampó al caer la noche. El joven encargado de cuidar a los camellos se acercó al dueño y le dijo: «Hay un problema. Tenemos veinte camellos y solo diecinueve estacas con las que atarlos».

El mercader dueño del ganado le respondió: «Ata a los diecinueve camellos con las diecinueve estacas. Luego párate al lado del camello restante y simula que le pasas una soga por el cuello y la aseguras a una estaca. El camello creerá que está atado y se quedará quieto toda la noche».

El muchacho así lo hizo, y sucedió tal como el dueño le había dicho. A la mañana siguiente, el joven desató a los diecinueve camellos que estaban asegurados con una soga y una estaca al suelo, y todos lo siguieron por el camino hacia la ciudad. Todos excepto uno: el que no tenía soga ni estaca. El camello seguía creyendo que estaba atado. Así que el muchacho tuvo que ir y hacer como si lo desatara para que empezara a caminar.

¡Cuántas personas son como aquel camello! Han sido «atadas» por simuladores de amor, que las paralizaron en la vida a través de estacas de manipulación.

¿QUÉ ES LA MANIPULACIÓN?

La manipulación es el intento de control de una persona sobre otra con el propósito de que haga lo que ella desea mediante acciones de persuasión, seducción, abuso, o diferentes formas de violencia. El ser humano puede ser sujeto y objeto de la manipulación. Y alguien es víctima de la manipulación cuando por lo general se ha acostumbrado y resignado a ser controlado por otro.

Cierto pastor le expresó empatía a una mujer víctima de un esposo manipulador, diciéndole: «Sé lo que estás sufriendo, Mirta». A lo que ella contestó: «Eso no importa. Ya lo he aceptado».

Un signo evidente de que alguien se ha convertido en víctima de la manipulación es que se conforma a las situaciones dolorosas. Los sufrimientos del pasado han convencido a la persona de que es preferible soportar las punzadas de la culpa, el temor y el abuso que procurar la libertad. Así le pasó al pueblo de Israel en el desierto. Cada vez que se veían frente al desafío de hacerse cargo de sus vidas, de responsabilizarse por su futuro, preferían la esclavitud egipcia: «¿No sería mejor que volviéramos a Egipto? Y unos a otros se decían: "¡Escojamos un cabecilla que nos lleve a Egipto!"» (Números 14.3-4).

El cine y la televisión han registrado reiteradamente y con brutal realismo las matanzas de los judíos en los campos de concentración nazis durante la Segunda Guerra Mundial ante la pasividad absoluta de las víctimas. Y uno se pregunta: ¿cómo no reaccionaban? ¿Cómo no intentaban escapar o atacar a su agresor? Si finalmente les esperaba la muerte, ¿por qué no hacer algo para intentar salvarse aunque las posibilidades fueran mínimas?

La misma pregunta se ha hecho la psicología. Y ha encontrado una respuesta aplicable no solo a extremos tan dramáticos como el de aquellos campos de concentración, sino también al hecho de por qué tanta gente asume sin una reacción sana su propia destrucción emocional, víctimas de la manipulación. La respuesta ha sido lo que Martin Seligman llamó *desamparo aprendido* o *indefensión aprendida*.

INDEFENSIÓN APRENDIDA

Seligman se preguntó qué motivaciones llevaban a las personas a reaccionar de diferentes maneras ante las adversidades que van encontrando en sus vidas. ¿Por qué mientras unas personas son capaces de enfrentarse a sus problemas por muy duros que estos sean sin derrumbarse, otras son incapaces de hacerles frente a los mismos sin hundirse por pequeños que resulten? Una de sus conclusiones fue que las personas, cuando se han visto acorraladas en situaciones altamente agresivas ante las cuales no pueden reaccionar o huir, aprenden a sentirse desamparadas y a dejar de confiar en su propia valía a fin de poder escapar de los problemas que tienen que afrontar. Es decir, uno aprende a quedarse paralizado frente a determinadas situaciones problemáticas ante las cuales parece no haber salida, aprende a ser indefenso a priori.

Este desamparo aprendido está acompañado de pensamientos destructivos que finalmente determinan ciertas conductas, como la reacción de bajar los brazos y darse por vencidos, no asumir la responsabilidad de producir cambios, no contestar frente a las adversidades, ni defenderse ante las manipulaciones de otros.

Tales individuos aprenden a relacionarse con personalidades controladoras y a enfrentar sus problemas con resignación absoluta, sin hacer nada para salir de estas situaciones negativas. Cuando una persona ha tenido experiencias traumáticas o negativas en una relación personal y no pudo hacerles frente, fabrica inconscientemente un mecanismo por medio del cual se convence de que siempre que enfrente nuevas situaciones traumáticas, ya sea con la misma persona o con otras, no podrá hacer nada, excepto volver a ser víctima de esa situación dolorosa. Desarrolla un enfoque fatalista ante la vida y una pasividad ante la situación en particular. La persona internamente está convencida de que sus acciones no pueden tener efecto sobre el otro ni la relación, y por ende tampoco puede controlar las acciones manipuladoras del individuo en cuestión.

Bajo estas condiciones, la persona se siente embargada por un profundo sentido de inseguridad, pesimismo, desprotección y orfandad. Y como consecuencia asume una actitud pasiva, se vuelve triste y puede caer en la depresión.

Todos los seres humanos desarrollamos un monólogo interior, un discurso silencioso interno por medio del cual tratamos de explicarnos por qué nos suceden las cosas que nos suceden. Cuando una persona se explica en dicho discurso interno el porqué del sufrimiento vivido y se resigna creyendo que nada puede hacer, está modelando una desprotección permanente, un sentimiento de indefensión que solo la preparará para una nueva desilusión o dolor.

Es posible que encuentres en tu propia vida relaciones y situaciones molestas de control, abuso y manipulación que has decidido aceptar como normales. Cuando por medio de este libro Dios sane y libere tu vida, nunca más serás víctima de la indefensión aprendida.

LLAMADOS A LIBERTAD

En mis treinta años de atender a la gente en sus problemáticas, he comprobado que un porcentaje altísimo de personas sufre del síndrome de la manipulación. Unos desempeñan el rol de manipuladores, otros son manipulados, y muchos son tanto víctimas como victimarios. Esta realidad también se da entre los creyentes en Cristo. Tienen al Señor en sus vidas, pero continúan sufriendo en el hogar, el noviazgo, sus relaciones laborales y la escuela; a causa de un cónyuge que ejerce violencia psicológica y/o física, un novio o novia que vive amenazando con la ruptura, empleadores acosadores, el *bullying* o el abuso de los compañeros del colegio. Es decir, son víctimas de diferentes formas de manipulación. Con mucho dolor uno también debe reconocer el abuso espiritual que mucha gente ha sufrido de parte de sus líderes en las iglesias, y del mismo modo los padecimientos que han experimentado debido a estructuras eclesiásticas que han manipulado y controlado sus vidas. Es cierto que muchos tienen a Cristo, pero la manipulación se ha convertido en una conducta aprendida y viven manipulando a los demás.

Una de las peores explicaciones internas con respecto al problema es: «Yo soy así, qué se le va a hacer... No me pidan que cambie». Esto me hace recordar el cuento del escorpión que cuenta Carlos Vallés:

Un escorpión quería pasar al otro lado del río, pero no sabía nadar. Así que le pidió a una rana que lo llevara sobre su espalda nadando, pero la rana le dijo que tenía miedo de que la picara con su aguijón cuando estuvieran en el agua. El escorpión la convenció de que no haría tal cosa, pues entonces ella se moriría, pero se ahogaría él también. La rana lo entendió, colocó al escorpión en su espalda, se echó a nadar al río, y cuando estaban en medio de la corriente, el escorpión alzó su cola venenosa y la picó. La rana se quejó: «¿Por qué has hecho eso? Ahora nos vamos a morir los dos». Y el escorpión se excusó: «Lo siento mucho, querida rana... pero es que yo soy así».

La rana se murió, pero el escorpión logró llegar cerca de la otra orilla muy fatigado. Un hombre se apiadó de él, lo tomó en su mano y le salvó la vida. Y el escorpión lo picó en la mano. El hombre sacudió la mano con dolor y el escorpión cayó al agua. Entonces el hombre volvió a salvarlo con su mano... y el escorpión volvió a picarlo. Cuando esto iba a suceder por tercera vez, alguien que había presenciado toda la escena le preguntó al hombre: «¿Por qué haces eso si cada vez te vuelve a picar?». Y el hombre contestó: «Lo comprendo... pero es que yo soy así».[1]

Sin embargo, Cristo nos ha llamado a la libertad y nos hizo libres en él. Libres no solo de los demás, sino de nosotros mismos. Si Cristo no puede cambiar ese «yo soy así», ¿qué es lo que puede cambiar? ¿En qué consiste entonces su poder transformador? Solo tenemos que aprender por qué somos fácilmente presa de la manipulación, reconocer a los que nos quieren esclavizar, y apropiarnos de las armas espirituales que tenemos en Cristo para hacer realidad esa libertad en todas las áreas de nuestra vida.

Mi expectativa es que si has sido o eres víctima de la manipulación, puedas experimentar esa libertad y hacer que la estructura de tu personalidad se afirme en Dios y sus principios, de tal manera que nunca más sufras a manos de personas que ejercen control y abuso por medio de la manipulación.

Y la libertad y la sanidad son posibles no solo para el que ha sido víctima de la manipulación, sino también para el manipulador. John Newton fue un inglés del siglo dieciocho con una vida absolutamente perdida. Un tratante de esclavos. No obstante, un día Jesucristo tocó su vida y se convirtió en creyente. Él escribió ese himno maravilloso que millones en todas las culturas hemos cantando: *Amazing Grace*, conocido en castellano con el título «Sublime Gracia». Y este hombre influyó significativamente en Williams Wilberforce, otro joven de vida disoluta.

Wilberforce era hijo de un hombre rico y un estudiante universitario de Cambridge, con una vida absolutamente egocéntrica y hedonista. Como estaba aburrido del negocio de su padre, logró entrar al parlamento inglés. Sin embargo, cinco años después esa vida sin sentido, vacía, confusa y desorientada se encontró con Jesús y cambió radicalmente. Wilberforce se convirtió en un luchador por la abolición de la esclavitud. El Cristo que lo había liberado ahora vivía en él y obraba a través de él para bendición de otros.

En 1791, presentó su proyecto de abolición de la esclavitud, el cual fue rechazado en el parlamento por un amplio margen. Con todo, insistió una y otra vez, año tras año. Cuarenta y dos años después, en 1833, Wilberforce murió en el mismo año en que el parlamento británico aprobó la abolición de la esclavitud y el comercio de negros.

Es mi oración que este libro sea usado por Dios para que su gracia admirable sane también tu vida si eres de los que esclavizan y lastiman a otros con la manipulación, de tal manera que habiendo sido restaurado por su poder, te conviertas en un instrumento de gracia, en un libertador de vidas, en un sanador en el cuerpo de Cristo.

Digámosle ¡NO! a la indefensión aprendida en nuestras vidas, porque tenemos un Padre que nos defiende y nos enseña a vivir sanamente.

¡VETE!

Los escribas y fariseos eran manipuladores expertos. Manipulaban las Escrituras para adaptarlas a sus propósitos particulares. Y manipulaban a las personas para someterlas a sus intereses. En una cultura absolutamente machista e injusta como era la sociedad del tiempo de Jesús, una mujer había sido encontrada en adulterio. Y los escribas y fariseos la llevan ante el Señor con el objetivo de poner en práctica una manipulación doble: manipular a Jesús para que cayera en un error por medio de la manipulación de aquella mujer. La ley establecía que debía ser apedreada. Por supuesto, «solo» la mujer, como si para cometer adulterio no se necesitara también de un hombre. Y allí estaban todos los varones victimarios de aquella mujer pecadora, listos con sus piedras en las manos para matarla. Entonces Jesús los expone a su propia condición: «Aquel de ustedes que esté libre de pecado, que tire la primera piedra» (Juan 8.7).

Reitero, para que hubiera adulterio se necesitaban dos: un hombre y una mujer. Sin embargo, únicamente la mujer sería lapidada. Y Jesús los confronta no solo con el hecho de que ellos también eran pecadores, sino con la realidad de la manipulación. Todos ellos eran adúlteros y pecadores, pero solamente ponían en evidencia el pecado de la persona más débil con el propósito de ejercer dominio, control.

Los manipuladores, como veremos más adelante, imponen sus condiciones por medio de la culpa, el miedo y la victimización. Los tres componentes estaban presentes allí. «Esta mujer es la culpable». ¿Y el varón con el que cometió adulterio? ¿Y el resto de los varones allí presentes que también eran pecadores? Culpar, una estrategia de manipulación clásica.

«Tenemos que apedrearla para que todas las mujeres (en especial las nuestras) no hagan lo mismo, para que sirva de ejemplo y cunda el temor en ellas». Miedo, una cadena con la que los manipuladores atan a sus víctimas.

«Tenemos que matarla, porque hemos sido víctimas de esta mujer inmunda, que quiere pervertir nuestra sociedad». Victimización, cuando en realidad ellos también eran victimarios.

Manipulación pura. Sin embargo, Jesús destruye todas sus tácticas manipuladoras. «¿Así que ustedes quieren utilizar la culpa para controlar? Pues bien. El que no tenga culpa que tire la primera piedra». Las piedras caen a tierra, y junto a ellas las técnicas provocadoras de culpabilidad. Y los acusadores reciben el boomerang de la culpa y la victimización. «Al oír esto, se fueron retirando uno tras otro, comenzando por los más viejos, hasta dejar a Jesús solo con la mujer, que aún seguía allí». Entonces él libera a aquella mujer del sentimiento de culpa: «Mujer, ¿dónde están? ¿Ya nadie te condena?». A lo que ella responde: «Nadie, Señor». Luego la libera del temor, como tercera herramienta de control y manipulación: «Tampoco yo te condeno. Ahora vete, y no vuelvas a pecar» (Juan 8.9-11).

Esta declaración final de Jesús encierra una verdad maravillosa. Los sectores más rígidos y legalistas enfatizan el final de la expresión de Jesús: *no vuelvas a pecar*. A su vez, los grupos más liberales y permisivos en lo ético enfatizan la primera parte de la frase que le dijera a aquella mujer: *tampoco yo te condeno*. Y como es obvio, una postura equilibrada toma en cuenta toda la frase de Jesús. Tanto la cláusula perdonadora como el desafío a la obediencia. Sin embargo, acorde a los fines de nuestro tema, hay una palabra que une ambas partes de la declaración de Jesús y muchas veces pasa desapercibida. Es el verbo *vete*. Jesús no solo la perdona y la desafía a vivir una vida pura, sino la deja en libertad: *vete*. «Mujer, ya no seas más víctima de los manipuladores que te usan, abusan, desprecian, acusan, amenazan y apedrean. *Vete*. ¡Eres libre! Ya no permitas más que te manipulen».

El día que conociste a Jesús escuchaste su invitación amorosa: «Ven». No obstante, si has sido víctima de la manipulación, hoy tienes que escuchar otra invitación amorosa que te hace: «Vete». Aprende a vivir en libertad.

Cuando los gálatas estaban siendo sometidos a la manipulación de los líderes religiosos judaizantes por medio de la ley, la cual los atemorizaba y culpaba, el apóstol Pablo les dijo: «Cristo nos libertó para que vivamos en libertad. Por lo tanto, manténganse firmes y no se sometan nuevamente al yugo de esclavitud» (Gálatas 5.1).

La manipulación es un yugo de esclavitud del que necesitas ser libre. El evangelio es esencialmente liberador. Cristo Jesús dio su vida en la cruz para que seas libre. No permitas nunca más que alguien te someta otra vez a la esclavitud. No te acostumbres al cepo. No hagas como los presos de la cárcel de Filipos. Cuando Pablo y Silas oraron y cantaron, Dios obró milagrosamente y todas las celdas se abrieron. Sin embargo, ninguno de los presos abandonó la cárcel. Solo Pablo y Silas lograron salir. Desde el momento en que le entregaste tu vida a Jesús, tu celda está abierta. No obstante, tú decides salir o quedarte prisionero. Estoy seguro de que los próximos capítulos romperán los cepos y yugos en tu vida, pero la decisión todavía seguirá siendo tuya: ¿serás de los que se liberan o de los que permanecen presos? Como a aquella mujer a punto de ser apedreada por sus manipuladores, Jesús también te dice a ti: ¡vete!

CAPÍTULO 2

EL GUSANITO PETER PAN

«La madurez comienza a manifestarse cuando sentimos que nuestra preocupación es mayor por los demás que por nosotros mismos».

—ALBERT EINSTEIN

Peter Baguette es el nombre de un personaje ficticio creado por el escritor escocés James Matthew Barrie, aunque el mismo resulta más conocido como Peter Pan. Se trata de un niño que vive en el País de Nunca Jamás, puede volar y nunca crece.

Steven Spielberg filmó la película *Hook*, una adaptación de esta historia, en la que Peter Pan es un adulto con tres hijos. El papel principal fue pensado para que lo protagonizara Michael Jackson, ya que Peter Pan no era solo su personaje preferido, sino su ídolo, su modelo. Sin embargo, el popular cantante terminó rechazándolo a pesar de su amistad con Spielberg, de modo que fue reemplazado por el actor Robin Williams.

Michael Jackson rechazó el papel protagónico debido a que cuando leyó el libreto, se sintió completamente desilusionado de que su ídolo creciera. Steven Spielberg declaró: «Este papel fue creado para Michael, sin duda él es como Peter Pan».

En 1983, el doctor Dan Kiley escribió un libro titulado *El síndrome de Peter Pan: los hombres que nunca crecieron*. Este síndrome se caracteriza por la inmadurez en ciertos aspectos psicológicos y sociales.

Afecta a individuos que, como el famoso cantante, no quieren crecer ni madurar. Y según Kiley, una de las características principales de las personas que lo manifiestan es que ejercen una manipulación sobre otros. Creen que son merecedoras de recibir y pedir de los demás, sin preocuparse por ellos. Le tienen miedo al compromiso. Toleran muy poco la frustración, por lo que se sienten siempre insatisfechas. No enfrentan ni se hacen cargo de sus problemas, sino que les dejan la responsabilidad y las respuestas a los otros. Todas estas características son típicas de los manipuladores, ya que la base de la manipulación es la inmadurez.

Hoy, en los diferentes ámbitos de la sociedad, se requiere cada vez más de personas con una habilidad social llamada *asertividad*. Este término se deriva de la palabra *aseverar*, que significa «declarar o afirmar positivamente, con seguridad, sencillez y fuerza».

De modo que demostrar asertividad o ser una persona asertiva significa ser capaz de defender mis derechos de una forma activa, pero sin pisotear los derechos de los demás. Es decir, hacerme cargo, ser responsable de mi propio bienestar, pero con tolerancia y respeto por las metas y puntos de vista de los demás. Y al mismo tiempo, sin permitir que las otras personas que no tienen una actitud asertiva lo pisoteen a uno.

La asertividad sería un punto intermedio entre otras dos conductas extremas: la agresividad y la pasividad. Tanto la agresividad como la pasividad son comportamientos no asertivos. La asertividad se conoce como una habilidad social, ya que cuando en lugar de tener un comportamiento asertivo desarrollamos actitudes pasivas o agresivas, estas acarrean conflictos y malestar.

Cuando asumimos actitudes agresivas nos convertimos en personas que intentan manipular a los demás, y cuando asumimos actitudes pasivas somos manipulados por otros. En ambos casos estamos frente a una situación que generará conflictos.

La enseñanza de Jesús en el Sermón del Monte nos ofrece equilibrio y sanidad interior en nuestras relaciones. Enfrentar nuestros conflictos y resolverlos a partir de las bienaventuranzas pronunciadas por Jesús nos permite tener una actitud equilibrada y sana con nosotros mismos y los demás.

MANIPULADORES Y MANIPULADOS

Cuando nos posicionamos en cualquiera de los dos extremos, agresividad o pasividad, nos encontramos en los campos de la manipulación. Manipuladores y manipulados. Ambos polos son enfermizos y definitivamente impiden vivir de manera libre y sana.

Nuestro mundo de pecado no es un ambiente asertivo. Vivimos inmersos en una realidad enfermiza, con mucha agresividad, a la cual pertenecen tanto los que manipulan como los que son manipulados. En nuestro sistema cada uno quiere sacar ventaja y cualquier forma de lograrlo es válida, por eso vivimos en conflictos permanentes.

Resulta muy probable que estés posicionado en alguno de los extremos y por lo tanto vivas en conflicto. O bien asumas una actitud agresiva, manipulando a los demás y frustrándote o volviéndote más agresivo cuando los demás no se dejan manipular a fin de satisfacer tus deseos. O por el contrario, te encuentras en el otro polo y muestras una actitud pasiva, así que para no discutir tratas de agradar a todos, pero eso te produce mucho desgaste. Ambas posturas son desequilibradas y enfermizas. No obstante, Jesús nos anima a ser personas equilibradas, sanas, maduras, es decir, bienaventuradas.

La palabra *manipulador* tiene una connotación muy negativa cuando la aplicamos a los demás. Sin embargo, cuando pensamos en nosotros, no nos gusta que nos califiquen de esta manera. Y cuando manipulamos, buscamos una explicación o una justificación para no asumir que estamos manipulando o intentando manipular a otros.

No nos gusta que nos digan que somos manipuladores, ¿cierto? Tal vez desde que empezaste a leer sobre la manipulación estás pensando que no hablo de ti. Que lo que lees te servirá únicamente para librarte de los otros, pues tú no lo necesitas. No obstante, tengo que decirte que desde que nacemos estamos tratando de manipular a los demás. Y cuando nos tocan padres manipuladores, nos situamos en alguno de los dos polos, pasividad o agresividad, y también perdemos nuestro equilibrio. Así que este libro es especialmente para ti, para que encuentres tu equilibrio, tu bienaventuranza, y puedas desarrollar una asertividad que te evite sufrir los conflictos de la vida cotidiana.

De modo que si en el desarrollo de la enseñanza te ves identificado, no te desanimes ni te sientas acusado. Desde Adán y Eva, cuando fueron manipulados por la serpiente antigua, el diablo, y se convirtieron en manipuladores, todos nosotros tenemos tendencias a la manipulación o a convertirnos en víctimas de ella. Algunos manipulan abierta y agresivamente, otros son más sutiles y esconden mejor sus tácticas de manipulación. No usan la agresividad directa, pero son los más difíciles. Como sea, todos tenemos que trabajar con el deseo de tener el control. Por eso la primera de las bienaventuranzas resulta esencial: «Bienaventurados los pobres en espíritu, porque de ellos es el reino de los cielos» (Mateo 5.3, RVR60). Debemos asumir una actitud de pequeñez para que Jesucristo sea el que controle nuestras vidas. Y la sexta bienaventuranza, la que yo llamo la bienaventuranza de la motivación pura, resulta el eje, el chequeo permanente que tenemos que hacer: «Bienaventurados los de limpio corazón, porque ellos verán a Dios» (Mateo 5.8, RVR60). Precisamos revisar de continuo nuestras motivaciones.

Así que para que al leer no te cierres a recibir la enseñanza, por algunas líneas no voy a usar la palabra *manipulador*. Voy a emplear otra palabra, una bíblica, porque la palabra manipulador no está en la Biblia. Sin embargo, cuando leas la palabra que usa la Biblia para describir a este tipo de personalidad y esta clase de comportamiento, vas a decirme: «Carlos, mejor usa la palabra manipulador, que es mucho más suave».

EL MANIPULADOR ES UN GUSANO

La Biblia dice: «La sanguijuela tiene dos hijas que solo dicen: "Dame, dame." Tres cosas hay que nunca se sacian, y una cuarta que nunca dice: "¡Basta!": el sepulcro, el vientre estéril, la tierra que nunca se sacia de agua, y el fuego, que no se cansa de consumir» (Proverbios 30.15-16).

¿Entonces? ¿Cómo te gustaría más que te calificaran, de manipulador o sanguijuela? Elegí este pasaje porque en estos dos versículos está perfectamente descrita la problemática de la manipulación.

La sanguijuela es un gusano que tiene una boca formada por tres mandíbulas dentadas y una ventosa con la cual se adhiere. Con esos dientes corta la piel de las víctimas a las que sangra y luego succiona con mucha fuerza, segregando una sustancia que impide la coagulación de la sangre.

¿Te sentiste alguna vez herido por alguien? ¿Quizás estás en una relación en la que sientes que la otra persona te quiere «succionar» o «chupar»? ¿O tal vez siempre sales sangrando de cada relación personal?

¿Te das cuenta de por qué la Biblia le llama sanguijuela al manipulador? ¡Cuántas personas alguna vez han dicho: «Pero qué tonta soy, otra vez caí en sus tácticas»! O posiblemente: «¡Qué estúpido fui! ¿Cómo no me di cuenta? ¿Cómo no me zafé a tiempo? ¿Cómo no me lo quité de encima?». Quizás lo que acabas de leer es lo que tú mismo dijiste en más de una oportunidad.

Si es así, quiero decirte que no eres ningún tonto o estúpido. Es normal que no te hayas dado cuenta, porque la sanguijuela segrega con la saliva un anestésico que hace que la víctima no se dé cuenta en ese momento de que la están mordiendo y le están chupando la sangre, de modo que al no ser consciente de lo que ocurre no intenta liberarse de la sanguijuela. En aquellas experiencias donde fuiste víctima de la manipulación, también te anestesiaron emocionalmente.

«No, Carlos, es cierto que soy una tonta...». «Sí, soy un estúpido... ¡cómo permití que me chupara la vida, que me succionara la alegría, la paz!».

Te repito, no eres tonto. Este gusano también segrega con su saliva un vasodilatador que hace que las venas cercanas al corte se agranden y entonces la sanguijuela tenga un caudal mayor de sangre.

Las sanguijuelas te infectan, te inflaman. Y lo peor de todo, cuesta arrancárselas de encima, existiendo el peligro de que al hacerlo, si no procedemos bien, alguna parte del animalito quede en la herida y cause una infección peligrosa.

«¡Carlos, la Biblia me está hablando! Luego de que me chupara la vida, finalmente me lo saqué de encima, pero todavía dentro de mí hay partes suyas, de modo que no termino de curarme».

No te angusties. Mi objetivo con esta enseñanza es triple. Primero, si eres un manipulador, que Dios te sane para que no sigas con tus comportamientos al ser consciente del dolor que provocas en otros y entender las consecuencias que esto tendrá para tu propia vida. Segundo, si fuiste manipulado, que Dios te sane de esas heridas abiertas. Y tercero, que después de esta enseñanza puedas desarrollar una mirada más aguda y detectes a los manipuladores sanguijuelas para no ser más víctima de ellos.

Hemos visto que la manipulación es el intento de control de una persona sobre otra con el propósito de que haga lo que ella desea. La característica principal del manipulador es su inmadurez emocional. Presta atención a lo que esto significa.

LA MADUREZ EMOCIONAL

Las personas inmaduras se enfocan en sí mismas. No es que sean malas, sino que en alguna etapa de su niñez se quedaron estancadas y ahora que han llegado a la adultez se comportan emocionalmente como niños, queriendo que todos cumplan sus deseos, tratando de llamar la atención de los demás e intentando controlar a los otros.

Yo diría que una persona sana, equilibrada y madura es alguien que presenta por lo menos cinco características.

Madurez significa responsabilidad

La primera característica de un individuo maduro es que se hace responsable por su propia vida. Sin embargo, las personas inmaduras, los manipuladores sanguijuelas, jamás crecen. Se ven a sí mismos como víctimas del destino. Y tienen la pretensión consciente o inconsciente de que los demás se hagan cargo de sus problemas. Como una de sus estrategias es la victimización, pretenden que uno se haga cargo de su soledad, su problema económico, su conflicto matrimonial y su frustración.

La perfecta descripción bíblica de la manipulación nos dice que el manipulador sanguijuela «tiene dos hijas que solo dicen: "Dame, dame"». Y obviamente, como cristiano, uno intenta ayudar a esa persona por amor. No obstante, una cosa es que respondamos por amor cristiano a la necesidad, el problema o la frustración de una persona, y otra es que nos sintamos presionados por la culpa o el temor a responder a los problemas de otro.

Las sanguijuelas emocionales, los manipuladores sanguijuelas, a diferencia de los gusanos, no buscan tu sangre literalmente, sino te chupan tu energía emocional. Y la mayor parte de las veces no se dan cuenta. Lo que sucede es que tienen una percepción distorsionada de la realidad debido a sus deseos inmaduros y su enfoque en sí mismos. Por ejemplo, desean la atención completa y exclusiva de todos los que los rodean, y en especial la tuya si eres su novia, novio o amigo. Y si se te ocurre la mala idea de prestarle atención a otra persona, se desesperan y hacen todo lo posible para succionar tu atención de una forma exclusiva.

Esperan del otro un amor que da, pero que no exige nada a cambio. Ellos están para recibir. Además, jamás se equivocan. No lo pueden reconocer, pues creen que sus motivos son puros. Los manipuladores sanguijuelas tienen cuerpos de adultos, pero por dentro siguen siendo bebés. Y si no se salen con las suyas, prepárate, porque te van a perseguir y hacerte sentir su enojo.

Madurez significa respeto a la libertad del otro

La segunda característica de la madurez emocional consiste en ser conscientes de que estamos conectados con otras personas que tienen derecho a tomar sus decisiones sin que las controlemos ni manipulemos. Sin embargo, el manipulador sanguijuela no puede poner en práctica esto. Para ellos, los demás deben satisfacer sus necesidades y expectativas.

El manipulador cree que sus necesidades son más importantes que las de las otras personas. No por malos, sino porque son niños. Si tus necesidades coinciden con las del manipulador, todo está bien. El problema surge cuando tu necesidad, deseo o expectativa no coincide con la del manipulador sanguijuela. Es allí donde vas a darte cuenta de que tiene tres mandíbulas llenas de dientes.

Madurez significa paridad

La tercera característica de la madurez emocional está representada por medio de la bienaventuranza de la justicia: «Dichosos los que tienen hambre y sed de justicia» (Mateo 5.6). Es decir, no puedo aprovecharme de ti en mi relación contigo, no puedo ejercer control para salirme con la mía y que tú te frustres. Las personas sanas emocionalmente buscan relaciones personales donde la justicia se manifieste. No solo hablan, también escuchan con respeto y atención. No solo reciben, sino dan. Sin embargo, los manipuladores sanguijuelas no son capaces de hacer esto.

Madurez significa descentramiento

La cuarta característica de la madurez emocional es la capacidad de dar. Esto está implícito en la bienaventuranza de Jesús: «Hay más dicha en dar que en recibir» (Hechos 20.35). Las personas maduras entienden este principio de vida, pero los manipuladores sanguijuelas no. Ellos solo toman. Succionan amor, chupan atención, absorben amistades, celan, asfixian. Para que exista la manipulación es necesaria una relación asimétrica entre al menos dos personas. Y resulta asimétrica porque predominantemente una da y la otra recibe.

Madurez significa respetar los límites

La quinta característica de una persona equilibrada, sana y madura es que entiende que los demás tienen derecho a negarse. Hay una línea entre lo que es mío y lo que es tuyo. Robert Frost decía: «Las buenas cercas hacen buenos vecinos». Cuando alguien no distingue ese límite entre lo propio y lo ajeno, es como un chico inmaduro que va a la casa de un amiguito y se quiere quedar con sus juguetes, creyendo que puede hacer lo que quiere en la casa del vecino. Los manipuladores sanguijuelas tienen desdibujados los límites.

Esto se da en todo tipo de relaciones. Hay padres manipuladores con hijos grandes, casados y que a su vez tienen sus propios niños, los cuales piensan que como ellos quieren lo mejor para sus hijos, estos tienen que hacer lo que a ellos les parezca. No ven que existe una alambrada que indica que sus hijos y nietos formaron una nueva familia. Y viven saltándose esa alambrada y generando conflictos cuando sus hijos quieren hacer respetar los límites del nuevo hogar. Y si por el contrario los hijos asumen una actitud pasiva, viven imponiéndose y generando frustración, que tarde o temprano desencadenará una crisis.

Los jefes manipuladores presionan a sus empleados para que hagan lo que ellos quieren, por ejemplo, que se queden todos los días fuera de hora sin paga extra. Algunos cruzan varias cercas y caen en el chantaje emocional. Otros superan todos los límites y llegan al acoso sexual o psicológico, lo que se conoce como *mobbing* o asedio. Por medio de la amenaza, la descalificación y el desánimo terminan enfermando al empleado. El manipulador no puede aceptar que le digan que no a sus pretensiones.

* * *

En el año 2001, la escritora J. E. Somma publicó *Después de la lluvia: una nueva aventura para Peter Pan*. El libro está ambientado en la época actual y cuenta la reacción de Peter frente a un mundo que ha crecido olvidándolo, así como su rescate por parte de tres chicos que le enseñan que crecer no es malo. ¡Sí! Crecer no es malo. Madurar es esencial para alcanzar la felicidad. Y para ello necesitamos ser sanados.

No obstante, en este proceso de sanidad deseo ahora guiarte al perdón. Antes de perdonar al que te dañó, quiero que te perdones a ti mismo, ya que se puede otorgar solo lo que uno tiene. Así que si eres un manipulador, vas a perdonarte por las veces que consciente o inconscientemente manipulaste a otros. Y también vas a perdonarte si fuiste manipulado por una o varias personas. No eres un tonto por haberlo permitido.

Hay varios puntos en común entre el manipulador y el manipulado. Uno de ellos es que ambos necesitan madurar emocionalmente. De modo que no eres un tonto, solo se trata de que el manipulador encontró áreas de tu vida en las que todavía no has sanado ni madurado lo suficiente. No obstante, para eso estás leyendo este libro. Para que Dios te sane y madures. Y cada capítulo te irá guiando hacia tu sanidad y tu madurez. Así que al cerrar este capítulo, quiero que te perdones y ores pidiéndole a Dios que te ayude a madurar.

Si eres un manipulador, reconocerlo es la primera señal de que estás empezando a avanzar hacia la madurez. Si eres alguien que sufre manipulación, el primer paso en tu camino a la madurez será no quedarte estacado en la culpa y el autodesprecio. Obviamente, Jesús es nuestro ejemplo. Él es el varón perfecto. Jamás manipuló a nadie ni se dejó manipular. Y el desafío para nosotros es crecer hasta ser en todo como aquel que es la cabeza, es decir, Cristo. Por eso, demos juntos el primer paso. Te ayudo con una oración:

Padre celestial, quiero crecer a la altura de la estatura del varón perfecto, tu hijo Jesús. Para eso, me reconozco inmaduro. Te pido perdón por las veces que he manipulado a otras personas y en especial a _____ (menciona con nombre y apellido a las personas que hayas manipulado, seducido o controlado). Te pido perdón por las ocasiones en que he permitido que me manipularan, abusaran o controlaran. Perdóname, Señor. Recibo ahora tu perdón y me perdono a mí mismo. En el nombre de Jesús, amén.

Romanos 12.2 declara: «No se amolden al mundo actual, sino sean transformados mediante la renovación de su mente». La palabra griega que en este versículo se traduce como *transformados* es la misma de donde se deriva el término *metamorfosis*. En Cristo Jesús, dicen las Escrituras, puedes experimentar la metamorfosis continua en tu vida por medio de la renovación de tu mente. No fuiste pensado y diseñado por Dios para ser un gusano sanguijuela, ni mucho menos su víctima. Fuiste diseñado por tu Creador para ser libre. El gusano experimenta la metamorfosis y se convierte en mariposa. ¡Eres libre! ¡Empieza a volar!

CAPÍTULO 3

EL RINOCERONTE Y LAS ESTRATEGIAS

> «Para manipular eficazmente a la gente, es necesario hacerles creer
> a todos que nadie los manipula».
>
> —JOHN KENNETH GALBRAITH

Juan José Arreola, un destacado escritor mexicano ya difunto, escribió un cuento corto llamado *El rinoceronte*, el cual describe una relación de amor-manipulación-odio. Es la historia de una mujer divorciada de un juez, a quien ella llamaba rinoceronte, porque lo caracterizaba como alguien egoísta, posesivo, iracundo y lujurioso. Durante diez años, luchó con ese rinoceronte, obteniendo como única victoria, según ella, el divorcio. Pero el juez se volvió a casar y su nueva esposa conoce el secreto para «manejar a los rinocerontes». Lo ha hecho vegetariano, le restringe el whisky y el habano. Se ha convertido en alguien Delgado y enjuto. Absolutamente controlado y manipulado pro su nueva esposa. Su ex-mujer cuenta que disfruta de imaginarlo así, convertido en un niño castigado, triste y reprimido. Es la historia de un iracundo manipulador ahora manipulado.[2]

«La sanguijuela tiene dos hijas que solo dicen: "Dame, dame." Tres cosas hay que nunca se sacian, y una cuarta que nunca dice: "¡Basta!": el sepulcro, el vientre estéril, la tierra que nunca se sacia de agua, y el fuego, que no se cansa de consumir» (Proverbios 30.15-16). Este texto indica que la manipulación se presenta de tres formas básicas y una cuarta que está detrás.

EL SEPULCRO

La primera manifestación de la manipulación es por medio del sepulcro. El sepulcro es el lugar de los muertos. ¿En qué consiste la estrategia del sepulcro? ¿Qué es lo que produce la muerte en nosotros? Básicamente, temor.

A mediados de la década de 1990, Brian Tobin, ministro de la pesca de Canadá, difundió un rumor que caló hondo en la gente de Terranova: las focas eran las culpables de la desaparición del bacalao. A pesar de la falsedad de la información, el temor provocó que el número de focas muertas se duplicara ese año.

Se sabe que existen procesos mentales por debajo de la conciencia que controlan las conductas. El temor es una de las armas preferidas del manipulador para lograr sus propósitos. El jefe que te amedrenta amenazándote con despedirte. El novio que le dice a la novia: «Si no tenemos relaciones sexuales, te dejo». La novia que le dice al novio: «Si rompes conmigo, me mato».

Cada vez que sientas que estás haciendo algo en contra de tu voluntad, tus principios, tus valores o metas, alguien te está manipulando. Muchas veces las personas ceden ante el manipulador no tanto por miedo a la represalia, sino por miedo al enojo. Así como el sepulcro o la muerte producen temor, el manipulador usa la amenaza y el miedo que esta produce para que hagamos lo que él desea. Es una sanguijuela que dice: «Dame, dame».

EL VIENTRE ESTÉRIL

La segunda forma básica de la manipulación, según el texto bíblico, es a través de la esterilidad. Se hace referencia al *vientre estéril*. Sin embargo, permíteme hacer una aclaración. La Biblia usa esta figura de la matriz estéril como lo que es: una imagen o metáfora. No se trata de una condena moral o un juicio emocional para la mujer que es estéril o el hombre que tiene problemas reproductivos. Esto no tiene nada que ver con la problemática orgánica.

Así que si tú o tu pareja tienen problemas de reproducción, el pasaje no está haciendo referencia a ustedes, sino a los manipuladores. Se usa la figura de la esterilidad para describir una problemática emocional, ya que la mayoría de las parejas que no tienen hijos, equivocadamente, se sienten vacías, insatisfechas de la vida. Y reitero la palabra *equivocadamente*. Si este es tu problema, no necesitas seguir creyendo tal mentira ni tienes que continuar experimentando ese sentimiento doloroso. Tu propósito en la vida no te lo da el hecho de que seas padre. Tu plenitud no reside en que seas madre. Esa es otra de las mentiras que un mundo existencialmente vacío nos vende en medio de la desesperación de no encontrarle sentido a la vida. Unos dicen que si no tenemos dinero, jamás nos sentiremos felices. Y ahí andan millones corriendo detrás de las riquezas, creyendo que eso los llenará. Sin embargo, otros que ya lo tienen todo no saben qué hacer, porque a ellos no los satisfizo tener mucho.

Hay otros millones a los que les hicieron creer que si logran muchas cosas, se sentirán plenos. Y viven persiguiendo logros, éxitos y reconocimientos, y como una droga nada les alcanza ni les llena.

Y otros millones a quienes los engañaron diciéndoles que el día en que encontraran a su «media naranja», a su pareja, iban a ser felices. Sin embargo, como todavía están solos, son unos desdichados que esperan que un día les llegue la felicidad. O por el contrario, resulta que les ha llegado su pareja, pero continúan sin ser felices.

Y también están los atrapados por el sistema que les dice que no son plenos porque no tienen hijos. Y entonces viven infelices toda la vida, frustrados, avergonzados, ya que no pueden tener descendencia.

¡Por favor! Si esto fuera cierto, todos los que son padres o madres serían personas felices, pero no es así, ¿verdad? De modo que deja de creer tal mentira. Permíteme decirte algo: o eres feliz en Cristo Jesús, o jamás serás feliz. O estás completo en Cristo Jesús, o nada te dará un sentido de plenitud en la vida. O alcanzas tu plena aceptación, valía y seguridad en Cristo Jesús, o no vas a encontrar estas cosas en nada ni en nadie.

Así que el texto describe la realidad de la mayoría de los que tienen problemas de esterilidad. El sistema los hace sentir eternamente insatisfechos. ¡Pero no a ti!

Hecha la aclaración, volvamos al tema del pasaje. La segunda forma básica de la manipulación es la esterilidad, la cual produce culpa en los padres que no pueden tener hijos. Y esta es la segunda herramienta preferida del manipulador. Sus estrategias son culposas, ya que su objetivo es hacernos sentir responsables de lo ocurrido.

Permíteme darte un ejemplo, esa puede ser la estrategia que usa tu suegra o mamá que vive contigo y poniendo cara de lástima te dice: «Vayan ustedes solos como familia este fin de semana a descansar a la playa, que yo me quedo con tu hermana». Entonces tú le respondes: «Bueno, gracias, mamá, pues hace dos años que no tomamos vacaciones como familia». Así que te vas con tu esposa y tus hijos en tu auto a la playa. Sin embargo, todavía no has terminado de salir de la ciudad cuando tu hermana te llama y te dice: «¡Esto es urgente! Ven pronto que mamá se descompensó. ¡Tiene altísima la presión!». La «viejita» ha estado todo el año sanita, pero justo ahora le subió la presión. Sin embargo, no es algo definitivo, ya que apenas volviste tu querida mamá ya estaba bien. Y todavía te pregunta con cara de inocente: «¿Por qué volvieron?». De modo que no solo no pudiste tomarte esos días de descanso, sino que te sientes culpable porque la dejaste sola, así que le dices: «Vamos, mami, volvamos a casa». Y la subes al auto sintiéndote lleno de culpa, enojo, frustración. Y como si fuera poco, tu cuñado es el que se va de paseo en el único fin de semana al año que junto a tu hermana tenían que cuidar a la adorable «viejita».

Así es la estrategia de la esterilidad, de la culpa. Es la táctica que emplea la mamá que le hace sentir al hijo soltero a punto de casarse que la está abandonando y se va a quedar sola toda la vida. Entonces el hijo, de forma consciente o inconsciente, se recrimina y se pelea con la novia a un mes de casarse, o se casa, pero no puede disfrutar de la fiesta ni de la luna de miel, ya que se siente culpable por dejar a su mamá. La sanguijuela todo lo reclama y se manifiesta provocando temor y culpa.

EL DESIERTO

La tercera expresión básica de la manipulación se lleva a cabo por medio de la tierra que nunca se sacia, el desierto. Cuando ves una tierra desértica, ¿en qué piensas? En algo de poco valor, sequedad, pobreza. Así que la estrategia del desierto se basa en proyectar desvalorización y lástima.

El manipulador se presenta como alguien desierto, victimizándose. La tierra seca necesita que alguien le suministre agua. Como el manipulador es un inmaduro que proyecta la responsabilidad sobre los otros, tiene la pretensión de que los demás se hagan cargo de sus necesidades, de sus problemas, y para ello se victimiza. De esta forma manipula tu vida por medio de esa sensación de lástima y logra lo que desea.

Un ejemplo de esto puede ser ese cuñado al que todos los meses le das dinero, pues sientes lástima de tus tres sobrinos, incluso cuando sabes que el padre no hace lo necesario para conseguir un buen trabajo, ni cambia sus patrones de administración, ni siembra para ser prosperado por Dios. Así que hace diez años que lo ayudas por amor a tus sobrinos, pero en el fondo cada mes te preguntas: «¿Les estaré haciendo un favor, o estoy alimentando un patrón de comportamiento que los mantendrá siempre en maldición?». Y piensas en plural, no solo en tu cuñado, ya que todos esos patrones los estás viendo repetirse en tus sobrinos también, los cuales manipulan a sus amigos inspirando lástima, no son proactivos en la vida y les transfieren sus responsabilidades a los demás, aduciendo que no han podido salir adelante por culpa del destino, la vida o Dios.

O la hermanita de la iglesia que siempre vive suplicándote que la atiendas. Y lo haces porque eres un buen hijo de Dios, pero ya te cansaste de que te diga que nadie la quiere, que nadie se interesa por ella, que en la otra iglesia no había amor, ni en la otra, ni en la tuya tampoco. La escuchas, la atiendes y la ayudas, pero internamente te dices: «Nadie se ha interesado por ti, y pronto yo tampoco lo haré, ya que eres una tierra reseca para la que no es suficiente ninguna cantidad de agua, amor, ayuda o compañía. Chupas y chupas, pero nada te sacia». De modo que quieres ayudarla y estar con ella, pero ya te cansaste de esa pose de «pobrecita», porque nadie quiere estar con los «pobrecitos».

O la chica que sintiendo lástima de dejar a su novio, a quien se ha dado cuenta de que ya no la une nada, sigue adelante y termina en un fracaso matrimonial. Si por casualidad este es tu caso, por favor, no continúes un noviazgo por lástima, culpa o temor a lo que el otro haga.

EL FUEGO

Así que la manipulación tiene tres estrategias principales: el temor, la culpa y la victimización. Sin embargo, el texto bíblico afirma: «Tres cosas hay que nunca se sacian, y una cuarta que nunca dice: "¡Basta!"». ¿Cuál es la cuarta? Es aquella que está detrás de toda manifestación de la manipulación. Espiritualmente, lo que yace detrás de la manipulación es el espíritu de control. Se trata de la intención consciente o inconsciente del manipulador de controlar la vida de los demás según lo que entiende que es mejor o basándose en sus necesidades, deseos o expectativas.

La cuarta cosa es «el fuego, que no se cansa de consumir». Al manipulador nada lo sacia. Hoy busca esto y lo logra, pero mañana ya está necesitando controlar otra cosa, en otra esfera u otra relación. Jamás se cansa de consumir, de absorber la energía y la sangre del otro. Nunca dice: «Voy a dejar desarrollarse a los demás».

¿Cuál es la estrategia del fuego? El fuego arrasa con todo. Lo motiva un deseo imperioso de controlar, de manifestar su dominio. Se expresa, como ya vimos, a través del temor, la culpa, la victimización y otras manifestaciones que analizaremos. No obstante, básicamente lo que la persona desea es tener todo bajo control y gobernar nuestra vida para que las cosas ocurran como ella quiere o piensa que es mejor.

Por supuesto, el fuego no deja nada en pie. El manipulador que se manifiesta de esta manera cree que tiene una «gran personalidad». Como un pastor me dijo un día: «Yo voy por todo, porque el reino de Dios lo arrebatan los valientes, así que es mejor que nadie se cruce en mi camino». Este pastor no solo no había entendido el pasaje bíblico, sino lo que es peor, no había entendido el Reino de Dios, y por lo tanto, lamentablemente, no había entendido la vida. Él es un hombre brillante, lleno de dones, con un potencial extraordinario, pero por desdicha hoy casi no cuenta con personas en su iglesia, pues como un fuego las arrasó.

La manipulación, en todas sus formas, no solo genera conflictos y los mantiene sin resolver, sino que termina frustrando a la propia persona del manipulador. Es por eso que espero que mientras describía al manipulador hayas orientado la enseñanza en dos direcciones. Primero, que pensaras en las personas que te rodean y pretenden de forma consciente o inconsciente manipularte, a fin de que descubras sus estrategias y no seas víctima de ellos. No obstante, también anhelo que enfoques la palabra hacia ti mismo, porque el manipulador hiere y se hiere. Su afán de controlar y dominar es el resultado de sentimientos de inferioridad y problemas de autoestima que permanecen sin resolver, así como de una raíz de rechazo que tiene que ser extirpada.

Las bienaventuranzas del Sermón del Monte representan mucho más que estrategias, son actitudes de vida que luego se expresan en las relaciones personales. Y el primero de los principios de vida que un discípulo de Jesús debe poner en práctica es la pobreza en espíritu, algo diametralmente opuesto al espíritu de control que está detrás de toda manipulación. Esto resulta de entregarle el control total de nuestra vida a Dios, permitiendo que nos inunde con su amor y sane nuestras raíces de rechazo y desvalorización, de modo que ya no necesitemos controlar a nadie.

Hoy es el día en que necesitas ceder el control, renunciar a la necesidad de dominar y manipular. Quizás como padre o madre necesitas soltar a tus hijos de forma sana, abandonando de manera terminante la necesidad de manipularlos. «Pero, ¿y si se desvían?», tal vez te preguntes. Permíteme decirte que si los sigues manipulando, se van a rebelar y desviar definitivamente.

Quizás necesitas darle un poco de espacio a tu novio, al cual estás manipulando. «Carlos, ¿y si me deja?». Si lo continúas manipulando por medio de la culpa, la victimización, el temor, el control, los celos y la asfixia, pronto no solo te va a dejar, sino que llegará a odiarte.

Quizás hoy necesites redefinir una relación de amistad con alguien, ya que te estás dando cuenta de que tu pretensión es que tal amiga o amigo se relacione contigo de un modo exclusivo. Sin embargo, su vida se va a empobrecer si solo tiene amistad contigo. Y se va a asfixiar y al final se alejará.

Quizás reconozcas que tienes que dejar de manipular a tu cónyuge. Las estrategias que utilizaste hasta ahora para que tu pareja satisfaga tus expectativas están destruyendo la relación. Ya se cansó, aunque no te lo haya dicho. Así que es el momento de pedir perdón y ayuda, de empezar de nuevo. Sincérate y dile: «Perdóname. Mis inseguridades me llevaron a querer siempre tener la razón, ser agresivo, manipularte, controlar, celarte, desvalorizarte, amenazarte, culparte y victimizarme. Perdóname y ayúdame, porque no quiero que estés conmigo por culpa, lástima o temor, sino por amor. Empecemos de nuevo y ayudémonos mutuamente».

¡Renuncia al control! Las personas controladoras y dominantes no son felices, sino las pobres en espíritu. ¡Tu destino no es el fuego, sino el cielo!

Permíteme terminar contándote una historia que relata Gerald Piaget:

Había una vez un chico que encontró un gorrión con un ala rota en medio del bosque. Él lo levantó del suelo y se lo llevó a su casa. Construyó una jaula casera, lo colocó adentro y empezó a curarlo y cuidarlo. Cada día, a medida que el pajarito se iba recuperando, el amor del chico por el gorrión aumentaba. Ya lo sentía como «suyo».

Pasó un mes y el ala del gorrión estuvo curada por completo, así que el pájaro empezó a revolotear dentro de la jaula, tratando de salir de allí. Cuando el padre del chico lo vio aleteando y golpeándose contra los barrotes de la jaula, le dijo a su hijo:

—Vas a tener que soltarlo y dejarlo ir. Es un pájaro silvestre y jamás será feliz aquí dentro de una jaula. Seguirá intentando volar y va a terminar golpeándose y lastimándose, y también lastimándote a ti cada vez que te acerques a darle de comer.

Así que llevaron la jaula fuera de la casa y el chico la abrió con mucho cuidado y agarró al pajarito suavemente, sosteniéndolo entre sus manos. El gorrión, presintiendo que estaba libre, quiso volar moviendo las alas. Sin embargo, el niño de inmediato cerró la mano, temiendo perder a su mascota. El gorrión chilló.

—Hijito, abre tus manos —le dijo el padre—. Sé que lo amas, pero mira cómo lucha. Si sigues apretándolo, puedes romperle las alas, lastimarlo y hasta matarlo.

—¡Pero papá, si abro las manos se va a ir volando! —contestó desesperado el chico.

—Tienes razón —le respondió su papá— es muy probable que si abres tus manos, vuele. Pero también es probable que algún día vuelva. No obstante, querido hijo, si por tu temor a perderlo lo lastimas o lo matas, lo vas a perder definitivamente. Hijo mío, la única manera en que puedes retener a un ser libre es con la mano abierta.

El muchacho entendió y abrió sus manos, entonces el gorrión salió volando de inmediato y se fue.

Con mucha tristeza, el chico lo vio alejarse y entró a la casa con su padre, sintiendo durante todo el día una tremenda soledad.

Sin embargo, a la mañana siguiente, se despertó con el sonido familiar de un gorjeo y vio a un gorrioncito apoyado en la ventana de su cuarto. Jamás supo si se trataba del mismo gorrión o no, pero cuando bajó a desayunar, se dio cuenta de que su sensación de soledad había desaparecido.[3]

¡Querido lector, este es el momento de abrir tus manos! En oración, libera a las personas que amas y renuncia a tener el control.

CAPÍTULO 4

DR. HOUSE

> «Piensa en por qué alabas algo que él ha hecho. ¿Es para que continúe con el comportamiento que elogias? Eso es manipulación. ¿Es para que sepa hasta qué punto estás orgullosa de él? Esa puede ser una carga para la persona. Déjalo que desarrolle su propio orgullo por sus propios logros».
>
> —ROBIN NORWOOD, *Las mujeres que aman demasiado*

Una de las series de televisión estadounidenses más vistas en todo el mundo es Dr. House, de la cadena FOX. El personaje central es el doctor Gregory House, protagonizado por el actor inglés Hugh Laurie. Se trata de un médico poco convencional e inconformista que encabeza un equipo médico cuya tarea es «diagnosticar lo indiagnosticable». El Dr. House es un genio que investiga al estilo de un detective policiaco a los pacientes en medio de sus secretos y mentiras, de manera que pueda identificar la causa de sus dolencias a partir de los síntomas.

Para ser libres de la manipulación y los manipuladores, resulta esencial identificar sus estrategias. Y al igual que el popular médico de la serie televisiva, tendrás que hacerlo por la vía de la observación de tus propios síntomas. Para ello, volvamos al término bíblico.

La Biblia le llama al manipulador *sanguijuela* porque el resultado de su acción es chupar tu energía emocional. Y esto ocurre debido a que la mayoría de las personas no se dan cuenta de que las están manipulando. No tienen herramientas de discernimiento y diagnóstico para reconocer a un manipulador.

La sanguijuela segrega con la saliva un anestésico que hace que la víctima no se percate en ese momento de que ha sido mordida y le están chupando la sangre, de modo que se ve impedida de intentar liberarse de la alimaña. Del mismo modo, la mayoría de las personas no se dan cuenta de que están permitiendo que la conducta de otra persona dicte la propia, o le están dando a esa persona el poder de controlarlos. Sin embargo, hay algunas indicaciones a tener en cuenta para detectar al manipulador y librarnos de sus acciones tan dañinas.

Al arte de identificar una enfermedad a través de los signos y síntomas que el paciente presenta le llamamos *diagnóstico*. La palabra proviene del verbo griego *diagignoskein*, que quiere decir «distinguir, discernir, discriminar». Esta palabra griega está compuesta por el prefijo *dia*, que significa «a través» y *gignoskein*, que se traduce por el verbo «conocer». Es decir, implica conocer a través de ciertos indicios.

El propio texto bíblico nos da las pistas al describir las cuatro manifestaciones principales de los manipuladores. De la misma manera que cuando hay problemas físicos llegamos al diagnóstico por la vía de los síntomas, para discernir al manipulador también pueden ser de mucha ayuda que te guíes por los síntomas que estás experimentando.

DIAGNOSTICANDO LA ESTRATEGIA DEL TEMOR

La primera manifestación de los manipuladores es *el sepulcro*. Y vimos que eso significa emplear la estrategia del temor. El manipulador opera produciendo temor en ti. ¡Así que atención, Dr. House! Cada vez que sientas que estás haciendo algo en contra de tu voluntad, opuesto a tus principios, valores o metas, por miedo a la represalia, el enojo o las amenazas, alguien te está manipulando. Así como el sepulcro produce temor, el manipulador usa la amenaza y el miedo que provoca para que hagamos lo que él quiere, pues es un gusano chupasangre, una sanguijuela que dice: «Dame, dame».

A veces la amenaza es física. Desgraciadamente, los casos de violencia de género son cada día más frecuentes. En estos casos el temor se alimenta de la violencia física. Una mujer golpeada por su pareja le preguntó a su compañero abusador: «¿Por qué me pegas?». A lo que él contestó: «La razón por la que te pego es porque me has preguntado por qué lo hago».

Sin embargo, aunque no se llegue al extremo de la violencia física, mayormente la persona manipuladora amenaza con la ruptura de la relación o privarte del contacto con los seres que son importantes desde el punto de vista afectivo. Este es el caso de la mujer que le prohíbe al padre ver a sus hijos, o le impide a la suegra ver a sus nietos.

Otra forma muy frecuente es cuando el manipulador te dice que si no haces lo que quiere va a hacerse daño. Algunos adolescentes le dicen a sus padres: «Si no me dejas salir esta noche con ese chico, voy a cometer una locura».

Una de las maneras de manipulación más comunes es por medio del enojo permanente. Y cuando uno le pregunta qué le pasa a la persona manipuladora, te responde que nada. Siempre que el enojo es continuo, resulta difícil que exista un motivo, lo más probable es que se esté usando el enojo como una técnica para provocar miedo y por ende practicar la manipulación.

El temor es la estrategia que usa el manipulador, pero para ti es una señal importante que te indica que estás siendo manipulado.

DIAGNOSTICANDO LA ESTRATEGIA DE LA CULPA

La segunda manifestación del manipulador es *el vientre estéril*. Y explicamos que eso simboliza la culpa y la desvalorización. Hacerte sentir culpable por tus decisiones es una de las estrategias preferidas del manipulador cuando se te ocurre la pésima idea de no hacer lo que él o ella quieren.

Este tipo de manipulador que proyecta culpa muchas veces insiste en que las consecuencias de lo que hiciste han sido terribles para él y acabas de destrozar su vida. Como dice Juan Carlos Vicente Casado, lo más probable es que esté buscando la forma de sacarte una indemnización, ya sea emocional, económica o de posición. Mientras más quiera lograr de ti, más insistirá en lo culpable que has sido. Si no quisiera manipularte, intentaría llegar a un acuerdo.

Por medio de la culpa se traspasa la responsabilidad de lo sucedido a otra persona y al mismo tiempo se le hace ver que tiene que esforzarse por resolver el problema. Lo más frecuente es que sin importar cuál sea el intento de solución propuesto, a la persona manipuladora le resulte insuficiente. Hasta que al fin se haga lo que el manipulador quiere. Así que si te sientes culpable por algo que otra persona hace o dice, te está manipulando.

Una persona manipuladora puede culpar de muchas formas en medio del discurso. Por ejemplo, haciéndote aparecer como culpable de su situación o estado de vida: «Por tu culpa estoy como estoy».

O señalándote como el responsable de su infelicidad futura. Ese fue el caso de una persona que le dijo a una doctora amiga: «Si no me haces un informe de que estoy muy mal, no me van a conceder la pensión y me moriré de hambre». O de la madre que señaló: «Desde que murió tu padre eres lo único que tengo. Así que ahora que te casas, hijo mío, ¿para qué voy a seguir viviendo?».

O te echa en cara que eres el causante de su frustración: «Desde que me casé contigo mi vida cayó en un pozo sin salida».

Otra forma de culpabilizar tiene lugar cuando la persona asegura que al hacer tal o cual cosa «se sacrifica por ti». O cuando te ignora y no te dirige la palabra porque «le hiciste algo», produciendo una mezcla de culpa y amenaza.

La persona estéril se siente desvalorizada, y por lo tanto trata de rebajar la autoestima del otro lo más que pueda. Por eso esta estrategia además de culpa provoca desvalorización. Este tipo de manipulación la practican las personas que viven criticando a los demás.

Sus críticas son siempre destructivas, pero también están cargadas de acusaciones y amenazas.

Debido a que no terminamos de entender que en Cristo nuestro Padre celestial nos acepta por completo, los seres humanos somos vulnerables a la crítica, lo cual es una de las cosas que más aprovechan los manipuladores. Como vivimos en una sociedad donde la inmensa mayoría tiene la autoestima deteriorada, los manipuladores sacan provecho de ello, proyectando equivocaciones, temores e inseguridades, y siendo especialistas en señalar los errores de los otros.

Un discípulo de Jesús que desarrolla el estilo de vida descrito en las bienaventuranzas se convierte en una persona asertiva, equilibrada, sana, madura. Y si considera que alguien está haciendo algo mal, se acerca a esa persona para indicárselo, pero de manera constructiva. No lo hará criticando ni con la intención de dañar al otro. En cambio, el manipulador no solo criticará las equivocaciones de los demás, sino que incluso proyectará sus propios errores sobre ellos, buscando sus puntos débiles, los cuales (¡ah, qué casualidad!) coinciden con sus propias debilidades, temores e inseguridades.

Estos manipuladores son críticos despiadados y maliciosos. Nunca critican a una persona que está delante a no ser que tengan clarísimo que son muy superiores a ella en el terreno de la discusión. Asumen la actitud de santurrones y emiten juicios sobre la valía de la otra persona, diciendo: «Fulanito me ha defraudado». Les encanta etiquetarte. Disfrutan afirmando que ellos ya sabían que ibas a fracasar. La intención es erosionar tu valía de tal manera que, al sentirte menos, puedas hacer lo que ellos quieren. O al menos si no lo logran, si fracasan, no se sientan tan mal, ya que han logrado desvalorizarte.

Hemos visto la culpa como una estrategia de manipulación, pero ahora quiero que la veas como un síntoma en tu vida que te haga detectar que muy probablemente te están manipulando.

Así que tendrás que hacerte algunas preguntas bajo la guía del Espíritu Santo:

«Señor, ¿por qué cuando me despido de mi novio tengo un sentimiento que no puedo definir muy bien, pero son como punzadas en mi corazón que me hacen sentir culpable?».

«Señor, ¿por qué siempre que termino de hablar sobre mi casamiento con mi mamá me siento con culpa?».

«¿Por qué cada vez mi autoestima está más deteriorada?»

«¿Por qué me siento tan poca cosa, tan inseguro?»

«¿Por qué hago lo que no quiero y cuando decido no hacerlo me siento culpable?»

Cloud y Townsend nos ayudan en su libro *Límites*: «Los manipuladores buscan persuadir a las personas para que traspasen sus límites. Les porfían hasta que acceden. Con insinuaciones, manipulan las circunstancias a fin de salirse con la suya. Seducen a otros para que lleven sus cargas. Utilizan mensajes cargados de culpa».[4]

El doctor Theodore Woodward, profesor de la Escuela de Medicina de la Universidad de Maryland por la década de 1940, indicó: «Cuando oigas ruido de cascos detrás de ti, no esperes ver una cebra». Con tal declaración se refería a que el caballo es el animal más usual, mientras que las cebras son muy raras. De modo que aplicando esto a la necesidad de usar el sentido común, él nos exhortaba a no buscar diagnósticos raros cuando lo más probable era que se tratara de alguna enfermedad corriente. Desde entonces quedó acuñado en el argot médico el término «cebra» para hacer referencia a un diagnóstico inusual u oscuro.

Esos tipos de casos son la especialidad del doctor House. Sus pacientes vienen remitidos de otros facultativos que no fueron capaces de diagnosticar el padecimiento de forma adecuada, y por lo tanto no pudieron encontrar un tratamiento efectivo. Hasta hoy, las manipulaciones eran para ti casos «cebras», ya que eras incapaz de identificar las técnicas y estrategias de los manipuladores. Sin embargo, ahora entiendes que tus propios síntomas son la clave para identificar sus intenciones y no dejarte atrapar por sus comportamientos.

El temor y la culpa son síntomas en tu vida que te hacen tomar conciencia de que estás siendo víctima de la manipulación. Y cuando la sufres y experimentas las dolorosas punzadas del miedo, la acusación y el sentimiento de sentirte usado, determinas que nunca más lo volverás a permitir. No obstante, como dice la Biblia, ya has actuado en el pasado igual que el perro que vuelve a su vómito. Y una y otra vez te enfrentas a la disyuntiva de ser libre o perder esas migajas de supuesto amor. Te pareces al loro francés del cuento popular:

Silbaba la marsellesa y su ama lo subía a su hombro. Él se desplazaba por su cuello y le daba besitos tronadores: poco después comía golosamente las semillas de girasol. Desde polluelo le habían rasurado sus alas para que desconociera el placer del vuelo; sin embargo, al amparo de la madrugada, robustecía la masa muscular de sus alones y se estremecía al escuchar el piar de las aves que cruzaban el cielo. Un día la luna mágica de octubre hizo crecer su plumaje y lanzó un grito de «quiero volar». Su pico rompió la celda y batió sus alas rumbo a la copa del cielo. Planeó por las ramas del ceibo y la humedad del viento lo llenó de libertad. A lo lejos se oía el canto de los grillos y el ulular de los búhos. Por la mañana comía las frutas del viejo nogal y como todos los días entonó las notas del himno francés. Voló para perderse entre los olores del bosque de los cedros. Cuando iba hacia los riscos de la montaña, sintió de pronto una mezcla de coraje e inquietud y regresó como saeta hacia su morada. No podía aceptar que otro perico le diese los besos a su ama y que ella rascara otra cabeza que no fuese la suya, azulada y fiel.[5]

Es tiempo de decidir: volar o ser manipulado. Y lo primero que debes comprender es que vivir con las alas cortadas no es muestra de un amor sano y verdadero. Cuando Dios te demostró su inquebrantable amor, fue él quien se hizo esclavo, tomando forma de siervo y entregándose por ti en la cruz. Alguien que posee todo el poder podría haberte forzado y obligado a amarlo, pero en cambio te hizo libre para que tu amor por él fuera el resultado de tu libertad de amarlo cautivado por su amor hacia ti.

Así que, antes de continuar leyendo y diagnosticar la tercera estrategia del manipulador sanguijuela, determínate a creer y recibir con todo tu ser el amor incondicional de Dios, su aceptación perfecta y su aprobación paternal, de modo tal que ya no te conformes más con vivir de migajas y sufriendo por temor a que te las quiten. Como aquella mujer sirofenicia de la que se habla en el Evangelio de Marcos, renuncia a considerarte como un perro y declárate hijo del Rey, sentado a la mesa del banquete de la vida.

CAPÍTULO 5

LA SEÑORA ATAREADA

«Y mientras ser víctima sea una condición, todos tendremos motivos para el odio, porque todos lo hemos sido alguna vez. La diferencia es que algunos decidieron dejar de serlo».

—LAURA FERNÁNDEZ PALOMO

En el capítulo anterior consideramos las dos primeras estrategias de la manipulación: el temor y la culpa. En este analizaremos la tercera, la estrategia de la victimización.

El destacado escritor argentino Enrique Anderson Imbert, con su cuento El suicida, nos ayuda a entender cómo las personas que asumen la actitud de victimizados terminan convirtiendo en víctimas a los que las rodean.

Se trata de un hombre que antes de suicidarse deja abierta su Biblia donde estaba señalado en rojo el versículo que lo explicaría todo. Escribió las correspondientes cartas a su mujer, al juez, a los amigos. Después bebió el veneno y se acostó. Pero nada sucedió. Sorprendido por seguir con vida se tomó una nueva dosis del mismo veneno y se volvió a acostar. Pero no se moría. Entonces decidió dispararse un tiro contra la sien. Pero nada. Se disparó todo el cargador y... nada. Tomó la Biblia, recogió las cartas y salió de la habitación cuando el dueño del hotel, y curiosos acudían alarmados por el ruido de los cinco disparos.

Cuando llegó a su casa halló a su mujer envenenada y a sus cinco hijos, cada uno con un balazo en la sien. Entonces, agarró un cuchillo y se fue dando puñaladas. Pero ningún daño se produjo. Desesperado se roció con nafta, pero los fósforos se apagaban.

En su último intento se asomó al balcón para arrojarse, pero desde allí pudo ver en la calle el tendal de hombres y mujeres desangrándose las cuchilladas, mientras la ciudad ardía incendiada.[6]

DIAGNOSTICANDO LA ESTRATEGIA DE LA VICTIMIZACIÓN

La tercera expresión básica de la manipulación según la descripción bíblica es la tierra seca que no se sacia, el desierto. Aquí se pone en práctica la estrategia de la victimización. El manipulador se presenta muchas veces como una tierra insaciable, como alguien desierto y pobre, dando lástima, victimizándose. La tierra seca pretende que alguien le suministre agua, la alimente con agua.

Reconocer que hemos sido víctimas de maltrato, abandono y rechazo no significa enfrentar la vida con un estatus de víctimas permanentes. En eso radica la diferencia entre reconocer una situación real y verdadera y convertirla en una condición. Cuando alguien en verdad reconoce su situación de haber padecido, estamos ante una víctima. Sin embargo, siempre que alguien se aprovecha de esa situación y la convierte en una condición, se trata de alguien que manipula victimizándose.

Si las víctimas no participan de un proceso de reconstrucción de sus vidas para dejar atrás el dolor, lo que hacen es usar la estrategia de la victimización como una manera de manipular a los demás, ya sea de forma consciente o inconsciente.

Como el manipulador proyecta la responsabilidad sobre los otros, manipula tu vida con una sensación de lástima que sumada a la culpa produce un cóctel poderoso, de modo que empiezas a hacer cosas porque sientes lástima, ya que la otra persona ha asumido el papel de víctima, de «pobrecito yo».

Según Martha de Leaño, las personas acostumbradas a victimizarse son expertas en el manejo de los mensajes indirectos y disfrutan de mostrarse inocentes después de haber elaborado una estrategia denominada «violencia silenciosa». Asumen la postura de una «persona indefensa» para generar culpa en los demás.

La persona que se victimiza por lo general ve el lado negativo de cualquier situación que se le presenta, rechaza mostrarse feliz ante los demás, disfruta contando sus tragedias para preocupar a la persona que la escucha, no le interesa encontrar soluciones a los problemas y desarrolla cierta impunidad, justificándose en el hecho de que ha sufrido. Siente que la vida fue injusta con ella, y en ocasiones está convencida de que nunca será feliz.

Hacen ver que son víctimas de una sociedad injusta, una familia sufriente y un grupo de malos amigos. De su discurso se desprende que están rodeados de personas egoístas y miserables que solo se acuerdan de ellos cuando los necesitan y nada más. Sin darse cuenta, lo que están haciendo es proyectar sobre los demás sus miserias, ya que todo lo que afirman que experimentan a manos de otros es lo que ellos mismos hacen. Se lamentan de que todo el mundo se aprovecha de ellos, cuando en realidad viven tratando de sacar ventaja. Aquel que se victimiza siempre muestra una actitud de queja. Sin embargo, las víctimas reales, los que sufren de verdad, por lo general no pueden quejarse, están demasiado ocupados curándose las heridas.

RELACIONES SANAS, RELACIONES SIMÉTRICAS

No obstante, ahora quiero que consideres el otro lado de la victimización, que es el sentimiento de lástima que provoca en ti. Tal sentimiento será un buen síntoma indicador a fin de percatarte de que te están manipulando.

Ninguna relación se mantiene en el tiempo de manera sana cuando uno de los dos siente lástima por el otro o hace las cosas por compasión. Toda relación madura tiene que ser simétrica, pareja.

Cuando la relación es asimétrica, se vuelve enfermiza. Y como el manipulador establece relaciones asimétricas en las cuales lo único que hace es pedir: «Dame, dame», la otra persona siempre se siente en una relación dispareja, desigual.

Así que si te descubres una y otra vez tratando a alguien con lástima en una relación y refiriéndote a la persona en diminutivo: «Pobre Carlitos», ¡detente! ¡Carlitos ya es un grandote de treinta años y no es ningún pobrecito! Esto es una señal de una probable relación asimétrica en la que uno de los dos es un manipulador y el otro se deja manipular, o en la que ambos resultan manipuladores.

El que se victimiza quiere sacar ventaja de ti, y el que acepta ese rol paternalista y trata al otro de «pobrecito» necesita sentirse superior en su interior. Tal relación resulta enfermiza y seguramente tarde o temprano terminará en conflicto, o ya es un conflicto sin resolver.

Cuando todo el tiempo te motivan a sentir lástima y te ves obligado por las actitudes de las personas a ayudarlas, estás en medio de relaciones de manipulación. Se trata de esos individuos que dan la impresión de que nunca les ha salido nada bien, pero en lugar de cambiar, llevan con gran orgullo la resignación de lo desdichados que son y desean que todos los condecoren por su admirable sufrimiento.

Por favor, no me interpretes mal. He conocido a muchas personas cuyas historias de vida ameritan que se escriba un libro. Sin embargo, no andan inspirando lástima ni presentándose como víctimas. Apenas tienen una posibilidad de producir un cambio y entienden por qué les ha ido mal, lo hacen, y mejoran, y la vida les resulta diferente. Yo las admiro. A esas personas vale la pena ayudarlas. No obstante, para el manipulador que se victimiza, la ayuda implica fortalecer el comportamiento enfermizo en ellos y hacerles daño.

COMPORTAMIENTOS APRENDIDOS

Esto es lo mismo que hacen los padres con sus hijos pequeños. Todos los niños son manipuladores. Y ellos van probando sus técnicas de manipulación. La más conocida es el llanto por un capricho.

Cuando en casa el chico quiere hacer su voluntad, empieza a llorar, gritar y patalear. Después de conocer a Dios y recibir de sus padres amor y valoración, lo que más necesita un niño es que sus papás le pongan límites sanos. Sin embargo, algunos no lo hacen como una reacción a la educación represora que recibieron. Otros, simplemente porque son padres holgazanes y prefieren consentir al chico antes que tomarse el trabajo de corregirlo y disciplinarlo.

Así que el chico se acostumbra a la manipulación en su hogar y grita, llora, patalea, se enoja y tira los muñecos contra las paredes y los muebles. Entonces papá y mamá corren a hacer lo que el pequeño quiere. No obstante, cuando la mamá va con su hijo al supermercado y lo sienta en el carrito para disponerse a hacer las compras, él se para y se mueve intranquilo. Así que la mamá le dice: «No, Maurito, bájate del carrito que te vas a caer». Y el niño porfía: «¡No, no, no quiero!». Y se vuelve a parar. Y Daniela, la mamá, otra vez lo sienta y le suplica: «Maurito, siéntate, por favor». Y el chiquillo cada vez en un volumen mayor le grita a la madre: «¡No, no y no. Eres mala!». Y continúa parado sobre el carrito del supermercado. Entonces Daniela le dice: «Maurito, mamita va a contar hasta cinco y te vas a sentar».

¿Sabrá esa mujer el daño que le está haciendo a su hijo? Cuando le dice al niño que va a contar hasta cinco, suponiendo que entonces le llegará a obedecer, le está indicando que puede desobedecer cuatro veces antes de hacer lo que se le pide, y lo mismo hará con los maestros, las autoridades y sobre todo con Dios.

Y ahí va la mamá contando: uno, dos, tres, cuatro y cinco, pero por supuesto, el que no está enseñado a obedecer, por más que le cuentes hasta infinito no va a hacerlo. Así que Daniela lo vuelve a sentar y el niñito grita, llora cada vez más fuerte, y luego agarra una botella de aceite y la tira al piso, como hace en casa cuando lanza los muñecos. A esta altura toda la gente está observando quién ganará, si el chiquillo o su madre.

Daniela, ahora roja de vergüenza y fuera de sí, le da una palmadita en el brazo, ante lo cual el niño comienza a dar unos alaridos que ensordecen a todos, tirando las latas de tomate. La mamá le dice:

«¡Ya vas a ver en casa!», mientras recoge lo que puede de lo que está desparramado por el piso y se va del supermercado sin poder hacer las compras.

Doña Catalina, una viejita que había presenciado toda la escena, le dice a su vecina Doña Gertrudis, que también estaba comprando: «¡Qué niño más malo!».

Maitén, una maestra de niños en edad preescolar, que estaba tomando del estante unas ricas milanesas de soja, exclamó: «¡Ay, qué madre tan histérica!».

No obstante, en realidad, Maurito no es malo como pensaban las dos ancianitas. Él, como todos los pequeños, es un manipulador... además de un pobre niño que va a pasarse toda su infancia llorando, pataleando, gritando y siendo infeliz. Y que tendrá serios problemas de adaptación en su adolescencia. Sin embargo, al menos se muestra bien directo en su manipulación. Cuando no consigue lo que quiere, llora, patalea, grita, insulta, lanza las cosas por el aire, unge el piso del supermercado con aceite, se revuelca por el suelo y trata de salirse con la suya.

Daniela, la mamá, tampoco es una histérica como considera la librepensadora Maitén. Ella quiere mucho a su hijo y en casa siempre se acomoda a sus humores y deseos. No obstante, en las situaciones donde debe lograr que Maurito obedezca, tiene problemas. De modo que cuando ya no puede más, le grita, le pega, y como el chico en casa nunca ha estado acostumbrado a eso, ni tampoco a formas sanas de poner límites, se siente confundido y redobla la apuesta, gritando más y lanzando más cosas.

Cuando Daniela vio que todos la miraban, creyó que su identidad como madre estaba en juego, y como siempre que esto le sucede, se sintió impotente e intentó usar recursos que nunca emplea, entonces su Mauri le presentó batalla. Más tarde ella se sentirá frustrada y con culpa por haberle pegado.

Lo que Doña Catalina ni Maitén logran comprender es que tanto Maurito como Daniela son víctimas y victimarios de la manipulación. Daniela no sabe cómo controlar a su hijo, y su hijo no sabe cómo expresar sus deseos de manera sana. En cada berrinche permitido y alimentado en casa, él reforzó patrones de comportamientos de manipulación que harán de Mauro alguien que ande por la vida amenazando a todos, provocando situaciones y problemas de magnitud mayor al lanzamiento de la botella de aceite, o victimizándose y llorando el resto de su vida para tratar de que la gente haga lo que él quiere y hacer sentir culpables a los demás.

¡DEBES CAMBIAR!

Quiero decirte que si eres de los que usaste hasta hoy la estrategia de victimizarte para lograr de los otros lo que querías, es preciso que cambies. Ya comprobaste que no logras mucho con eso. Que cuando intentas que te vean como un «pobrecito», los demás te califican así. Espiritualmente estás declarando algo que se convertirá en una profecía autocumplida: vivirás como un «pobrecito».

¡Cambia! Esa estrategia no sirve. Es dañina para ti. Tus seres queridos te van a dejar. Los que hasta hoy te dieron una mano se van a alejar, porque se cansarán de tu actitud.

Una vez estuve en una conferencia acerca de cómo recaudar fondos para una organización no gubernamental (ONG). Los expertos explicaron: «Si ustedes tiene una ONG que ayuda a chicos pobres, cuando hagan una presentación nunca muestren un vídeo con imágenes de chicos tristes y con apariencia de víctimas. Hablen de la necesidad de ayudar a los chicos pobres, pero que las imágenes sean de niños felices. Está comprobado que la gente no quiere ser parte de lo negativo, que no se identifica con las caras de los chicos pobres, tristes, víctimas de la injusticia. Las personas desean ayudarlos, pero quieren ser parte de realidades felices».

¡Está comprobado! Y lo vemos en las situaciones de la vida cotidiana. Un ejemplo de esto es el caso del hijo que siempre que iba a visitar a su mamá, ella se la pasaba quejándose, diciéndole que le dolía todo y que todo andaba mal. El resultado es que el hijo paulatinamente fue espaciando sus visitas y cada vez iba menos a verla.

Claro, se cansó de la «letanía». No me malinterpretes, no estoy justificando al hijo, ni tampoco pretendo que la madre le mienta y le diga que se siente bien cuando está enferma. No me refiero a la gente que está enferma de verdad, sino a los que manipulan con la enfermedad. Después de todo, quejándose y con la letanía acerca de sus dolencias, achaques y soledad, esa mujer ni se va a curar ni dejará de estar sola. Solo logrará el resultado contrario a lo que más desea, que es tener a su hijo cerca, ya que finalmente su hijo se cansará.

C. S. Lewis, famoso por sus escritos y en especial por la saga *Las crónicas de Narnia*, describe con fina ironía el fracaso de la estrategia de la victimización en su libro *Los cuatro amores*:

Pienso en la señora Atareada, que falleció hace unos meses. Es realmente asombroso ver cómo su familia se ha recuperado del golpe. Ha desaparecido la expresión adusta del rostro de su marido, y ya empieza a reír. El hijo menor, a quien siempre consideré una criaturita amargada e irritable, se ha vuelto casi humano. El mayor, que apenas paraba en casa, salvo cuando estaba en la cama, ahora se pasa el día sin salir y hasta ha comenzado a reorganizar el jardín. La hija, a quien siempre se le consideró «delicada de salud» (aunque nunca supe exactamente cuál era su mal), está ahora recibiendo clases de equitación, que antes le estaban prohibidas, y baila toda la noche, y juega largos partidos de tenis. Hasta el perro, al que nunca dejaban salir sin correa, es actualmente un conocido miembro del club de las farolas de su barrio.

La señora Atareada decía siempre que vivía para su familia, y no era falso. Todos en el vecindario lo sabían. «Ella vive para su familia», decían. «¡Qué esposa, qué madre!» Ella hacía todo el lavado; lo hacía mal, eso es cierto, y estaban en situación de poder mandar toda la ropa a la lavandería, y con frecuencia le decían que lo hiciera; pero ella se mantenía en sus trece. Siempre había algo caliente a la hora de comer para quien estuviera en casa; y por la noche siempre, incluso en pleno verano. Le suplicaban que no les

preparara nada, protestaban y hasta casi lloraban porque, sincera-
mente, en verano preferían la cena fría. Daba igual: ella vivía para
su familia. Siempre se quedaba levantada para «esperar» al que
llegara tarde por la noche, a las dos o tres de la madrugada, eso no
importaba; el rezagado encontraría siempre el frágil, pálido y preo-
cupado rostro esperándole, como una silenciosa acusación. Lo cual
llevaba siempre consigo que, teniendo un mínimo de decencia, no
se podía salir muy seguido.

Además, siempre estaba haciendo algo; era, según ella (yo
no soy juez), una excelente modista aficionada, y una gran experta en hacer punto. Y, por supuesto, a menos de ser un desalmado, había que ponerse las cosas que te hacía. (El párroco me
ha contado que, desde su muerte, las aportaciones de solo esta
familia en «cosas para vender» sobrepasan las de todos los demás feligreses juntos.)

La señora Atareada, como ella misma decía a menudo, «se
consumía toda entera por su familia». No podían detenerla. Y ellos
tampoco podían —siendo personas decentes como eran— sentar-
se tranquilos a contemplar lo que hacía; tenían que ayudar: realmente, siempre tenían que estar ayudando, es decir, tenían que
ayudarla a hacer cosas para ellos, cosas que ellos no querían.

Dice el párroco que la señora Atareada está ahora descansan-
do. Esperemos que así sea. Lo que es seguro es que su familia sí
lo está.[7]

Si esta es tu manera de relacionarte, es preciso que cambies. Y
en la iglesia sucede lo mismo. Los hermanos, en el mejor de los casos, te ayudarán un par de veces más que los no creyentes, pero no
mucho más, ya que el Espíritu Santo los va a «avivar» y les dirá: «No
lo ayudes más, porque te está manipulando. No quiere resolver sus
problemas, desea que se los resuelvas tú».

Así sucedió con Jesús. Una vez multiplicó los panes para alimentar a cinco mil personas, y en otra ocasión a cuatro mil. Sin embargo,
cuando lo siguieron para que continuara dándoles de comer, Jesús

les dijo: «Paren ya manipuladores, ustedes me siguen por la comida que les di. No más». (paráfrasis del autor.)

¡Qué maravilloso es poder ayudar a alguien que quiere salir adelante! Alguien que desea avanzar aunque le cueste, de modo que uno lo ayuda una y otra vez, y otra. ¿Por qué? Porque la motivación de su corazón no es manipularte, no es que le resuelvas los problemas, sino salir adelante, hacerse cargo, pero en ese momento para hacerlo necesita tu empujón. ¡Qué bueno es poder dar esa ayuda!

Sin embargo, al manipulador ni siquiera le puedes contar tus éxitos y las bendiciones que recibiste de Dios. Esto se debe a que en primer lugar, no se alegra. Y en segundo, te sientes con culpa porque te va bien en la vida.

Por lo tanto, cambia tu estrategia. Tarde o temprano la gente se dará cuenta y te quedarás solo. Toma conciencia hoy de que tu vida es como una tierra insaciable y decide emprender el proceso de sanidad.

Y si eres de los que te has dejado manipular por la estrategia de la victimización, también tienes que cambiar. No le sigas el jueguito al manipulador que se victimiza. Le haces un daño. Quizás hoy por lástima lo complaces en su manipulación. No obstante, ¿sabes lo que estás logrando? Estás reforzando su patrón de comportamiento. Y como ese patrón en algún momento no le va a resultar, será una tragedia para tu relación con esa persona, su vida y la tuya. ¡No refuerces comportamientos enfermizos!

Así que algunas preguntas que podrías hacerte son: ¿por qué esta persona siempre vive pidiendo ayuda? ¿La ayudo por amor o por lástima?

Si al estar en contacto con alguien te sientes mal, con culpa, temor, percibes que se victimiza siempre, o te descubres haciendo a un lado tus convicciones, postergando indefinidamente lo que Dios determinó para tu vida o cambiando tus valores, todas estas sensaciones son indicadores de que te están manipulando. También puede servirte de ayuda analizar lo que haces: «¿Es eso lo que quiero hacer en este momento?».

Jesús y un hombre acostumbrado a victimizarse se encontraron en Jerusalén. En un estanque llamado Betesda. Allí acudían todos los enfermos para ser sanados por una visitación milagrosa de un ángel que removía cada cierto tiempo las aguas, curando al primero que se sumergiera. Entre esa multitud había uno que no solo estaba enfermo de parálisis, sino también en su interior. Hacía treinta y ocho años que padecía. Ya se había resignado a ser una víctima crónica de su enfermedad.

Este hombre le dijo a Jesús: «No tengo a nadie que me meta en el estanque mientras se agita el agua, y cuando trato de hacerlo, otro se mete antes» (Juan 5.7). Es decir, no hay posibilidad para mí, la vida es injusta, no tengo a nadie que se interese por mí, es imposible salir de mi situación. Él era víctima de una enfermedad, pero más grave que eso, se había victimizado ante la vida y los demás.

¿Y qué hace el Señor? Jesús siente amor por ese hombre, pero no lástima. No alimenta su patrón de comportamiento enfermizo, sino que lo confronta. Primero le pregunta: «¿Quieres quedar sano?». Pareciera una pregunta innecesaria para un enfermo, pero la misma no fue redundante, sino indispensable. «¿De verdad quieres ser sano? ¿O prefieres seguir victimizándote?». Para ser sano se requiere renunciar al rol de víctima y cambiar.

Inmediatamente después de la pregunta, Jesús lo confronta con una acción. No le dijo: «Yo te sano». No. Le ordenó: «Levántate, recoge tu camilla y anda». Es decir, tienes que decidir ser sano: *levántate*. Tienes que dejar de ser víctima y convertirte en alguien que se hace cargo de su situación y se impone sobre aquello que lo gobernaba: *recoge tu camilla*. Y finalmente, tienes que empezar una nueva vida: *anda*.

A aquellos que hasta ahora han creído que la vida ha sido injusta con ellos y han inspirado lástima, y también a los que hasta ahora se han dejado manipular por los demás, Jesús los confronta con la misma pregunta: «¿Quieres ser sano?». Antes de responder, piénsalo, porque lo que sigue es que él te dirá: «Levántate, recoge tu camilla y anda».

No obstante, si te atreves a alinearte con la voluntad de Dios, la cual es que vivas disfrutando de unas relaciones personales sanas, experimentarás el mismo resultado que aquel hombre de Betesda, quien fue sanado y comenzó una nueva vida.

CAPÍTULO 6

DOMINUS

«Tres anillos para los reyes elfos bajo el cielo. Siete para los seño-res enanos en casas de piedra. Nueve para los hombres mortales condenados a morir. Uno para el señor oscuro, sobre el trono os-curo en la tierra de Mordor donde se extienden las sombras. Un Anillo para gobernarlos a todos. Un Anillo para encontrarlos, un Anillo para atraerlos a todos y atarlos en las tinieblas en la tierra de Mordor donde se extienden las sombras».

—J. R. R. TOLKIEN, *El señor de los anillos.*

Cerramos el capítulo anterior con una historia de C. S. Lewis, ese genial escritor británico nacido en Belfast, Irlanda del Norte. Lewis se convirtió al protestantismo de grande y llegó a ser un apologis-ta cristiano extraordinario. Enseñaba en la Universidad de Oxford, donde trabajaba otro destacado profesor que hoy la gente identifica con cierta literatura ocultista, sin embargo, fue quien influenció a Lewis para que se convirtiera al cristianismo. Su nombre es John Ronald Reuel Tolkien. En el mismo período en que Lewis escribió *Las crónicas de Narnia*, su colega escribió *El señor de los anillos*, y estoy seguro de que en ese momento ninguno de los dos imaginó siquiera que sus obras serían tan famosas y menos todavía éxitos mundiales de la cinematografía.

En esta obra de Tolkien el maligno señor oscuro trata de recupe-rar el Anillo Único, aquel que le permitirá controlar el universo, en el cual se encuentra grabada con letras que solo se revelan mediante el fuego una parte del epígrafe que le da inicio a este capítulo: «Un Anillo para gobernarlos a todos, un Anillo para encontrarlos, un Anillo para atraerlos a todos y atarlos en las tinieblas».

El Anillo Único es un símbolo del poder que quiere dominar al mundo entero, manteniendo a las personas atadas en las tinieblas de su reino. Y ese deseo compulsivo de dominar y controlar a los demás es el que está detrás de la cuarta manifestación de la manipulación.

DIAGNOSTICANDO LA ESTRATEGIA DEL DESEO DE CONTROL

Consideremos la última expresión básica de la manipulación según la descripción bíblica del manipulador sanguijuela en Proverbios 30.15-16: «Tres cosas hay que nunca se sacian, y una cuarta que nunca dice "¡Basta!": el sepulcro, el vientre estéril, la tierra, que nunca se sacia de agua, y el fuego, que no se cansa de consumir».

La cuarta estrategia del manipulador se representa a través del fuego, que arrasa con todo. ¿Cuál es esta estrategia? Es el deseo de controlar, de manifestar dominio.

Existen dos tipos de «manipuladores fuego» que quiero que conozcas y empieces a identificar.

IDENTIFICACIÓN DE LOS HIPNOTIZADORES

El primer tipo de «manipulador fuego» es el *hipnotizador*. Un videojuego multijugador masivo en línea es un tipo de videojuego donde pueden participar e interactuar en un mundo virtual un gran número de jugadores conectados a través de la red. Guild Wars 2 fue elegido como el mejor del año 2012.

En Guild Wars 2 existen ocho profesiones entre las cuales elegir. Cada una tiene sus propios poderes únicos y ataques devastadores. Una de ellas es la de hipnotizador. Dejemos que el mismo juego nos explique de qué se trata: «Los hipnotizadores utilizan el engaño como arma principal. Además pueden usar ilusiones poderosas, clones y magia fantasmal para confundir al enemigo o distraerlo. De esta forma se aseguran de que cada combate se desarrolla a su favor y además de una forma espectacular». Estos juegos, aparte de su fuerte contenido espiritual, son muy populares en todo el mundo por su carácter adictivo.

Sin embargo, no es en el mundo de lo virtual donde más aparecen los «hipnotizadores», sino en el mundo real y las relaciones personales cotidianas. No estoy hablando aquí de la hipnosis como técnica terapéutica ni de los recursos engañosos que utilizan los mentalistas y otros satanistas para atar las vidas de las personas. Más bien estoy haciendo referencia a una de las formas de manipulación.

La palabra *hipnosis* proviene de una raíz griega que significa «adormecer», y este es el resultado que provoca. Algunos manipuladores producen un efecto de adormecimiento en los demás, de embobamiento, el cual utilizan para sacar provecho. La definición del rol en el videojuego resulta pertinente teniendo en cuenta la manera de relacionarse y los objetivos que se persiguen.

Hay un síntoma en el manipulador fuego que te da una fuerte pista para identificarlo. Se trata de una gran luz roja, de modo que le prestes especial atención. Esta señal consiste en que el manipulador fuego tiene un gran atractivo. Por eso es capaz de venir y arrasar con todo.

Con este tipo de personalidad sucede lo mismo que con el fuego. Frente a una hoguera, sentimos una fuerte atracción y nos quedamos concentrados, mirando fijo al fuego. Del mismo modo, el manipulador fuego también «hechiza». Es alguien que ejerce una gran atracción sobre los demás, lo cual provoca que te quedes «pegado» a él casi de inmediato. Se trata de una atracción que no encuentra lógica ni motivos, ya que en muchos casos esa persona no ha pasado suficiente tiempo contigo ni la conoces tanto como para justificar una afinidad semejante. No lo puedes explicar, pero quedas imantado por su forma de ser y actuar.

Esto no es bueno. Una relación normal no debe producir en nosotros sentimientos negativos ni emociones demasiado positivas hacia alguien a quien acabamos de conocer. Si de pronto una persona provoca en ti una reacción emocional tan fuerte en tan poco tiempo, es muy probable que te encuentres frente a una relación de manipulación del cuarto tipo: por medio del fuego.

El psiquiatra y pastor italiano Mauro Adragna una vez me dijo: «La manipulación es el primer nivel de hechicería». Sin embargo, no consideremos ahora a los manipuladores avanzados. Pensemos solo en los cotidianos, aunque por ser amateurs no resultan menos peligrosos ni provocan menos dolor en nuestra vida. Así que, como estamos tratando de ver de qué forma puedes identificarlos, el síntoma de sentirte inmediatamente atrapado e hipnotizado es una señal poderosa que no puedes desconocer.

IDENTIFICACIÓN DE LOS DOMINADORES

El segundo tipo de «manipulador fuego» es el *dominador*. Permíteme mencionarte algunas de las características principales de este tipo de manipulador.

La primera es que necesitan tener las riendas. Siempre quieren ocupar el primer lugar, estar al mando. La segunda peculiaridad es que son dogmáticos e intolerantes. Con los manipuladores fuego de este tipo muchas veces resulta imposible conversar. No pueden aceptar una negativa por respuesta. Imponen su punto de vista por la fuerza, o se callan y desplazan la conversación hacia su terreno.

Una tercera característica es que son argumentadores. A veces sueltan un largo argumento en el que uno se acaba perdiendo entre prolijas polémicas y ante el cual se siente obligado a decir que sí para evitar más discusión. La clave está en su inseguridad. Si se plantea un tema de conversación que no les conviene, rápidamente lo cambian.

Un cuarto rasgo de su personalidad es que son iracundos. Al ser inseguros, resultan dogmáticos, y al ser dogmáticos, se encierran en ese discurso en el que dejan claro que el único camino posible a la verdad es el de ellos. Si alguien los contradice, se enojan mucho. En una relación de pareja se niegan a hablar de sentimientos y hacen que la otra persona se sienta insegura, celosa y temerosa.

Solo ellos poseen la verdad. Como son inteligentes, darán la imagen de ser «amplios en escuchar», pero finalmente harán todo lo que puedan, o mejor dicho, todo lo que le permitas, para salirse con la suya.

El quinto elemento distintivo de estos manipuladores es que son controladores. Presumen de ser «adivinadores profesionales». Creen que saben lo que los demás están pensando. Exigen que te conduzcas de acuerdo a sus motivaciones y valores. Demandan que asumas que el mundo y las cosas deben ser como ellos dicen. Todos tienen que comportarse, pensar y sentir como ellos creen que debe ser. Y si no es así, el otro es el que tiene un problema. Están convencidos de que su punto de vista es el único correcto y el que todos deben seguir.

La sexta particularidad es que son autoritarios. No solo crean las reglas, sino también creen que tienen que hacerlas cumplir. Legislan y tienen un poder policial en todas las relaciones. Definir las reglas permite tener controlada la propia inseguridad. Si no se les hace caso, se enfadan y recurren a la amenaza.

Obviamente, este tipo de personalidad también la encontramos dentro de la iglesia. En el Nuevo Testamento vemos al apóstol Juan desenmascarando ante Gayo, el destinatario de su tercera epístola, a un «manipulador fuego dominador» que se congregaba en aquella iglesia. Su nombre era Diótrefes. El apóstol Juan lo describe en apenas dos versículos y nos revela las seis pinceladas que pintan de cuerpo entero a un manipulador de este tipo (véase 3 Juan 1.9-10). Repasemos esas seis características.

La primera es que son *dominadores*, desean la preeminencia: «Diótrefes, a quien le encanta ser el primero entre ellos». La segunda peculiaridad es que son *dogmáticos e intolerantes*, no aceptan una negativa o una perspectiva diferente: «Como si fuera poco, ni siquiera recibe a los hermanos». La tercera característica es que son *argumentadores*. Diótrefes también lo era: «Habla contra nosotros sólo por hablar». El cuarto rasgo que describe la personalidad de estos manipuladores es que se enojan fácilmente, son *iracundos*: «Con palabras malintencionadas, habla contra nosotros». El quinto elemento distintivo de este perfil es que son *controladores*. A Diótrefes no solo le gustaba tener el primer lugar, sino también el control de todo: «Y a quienes quieren hacerlo, no los deja». Y por último, la sexta marca de este hombre, como buen «manipulador fuego dominador», es que era alguien sumamente autoritario: «Los expulsa de la iglesia».

Como puedes ver, estas personalidades no solo se topan contigo en el mundo, sino que se pueden congregar en tu misma iglesia. El apóstol Juan le da a Gayo herramientas de discernimiento a fin de que no caiga en la trampa. Y como Diótrefes era un líder de la iglesia, Juan le abre los ojos a Gayo en cuanto a estas características enfermizas de personalidad no solo para que no sea víctima de sus artimañas manipuladoras, sino para que no copie ese estilo de liderazgo: «Querido hermano, no imites lo malo sino lo bueno. El que hace lo bueno es de Dios; el que hace lo malo no ha visto a Dios» (1 Juan 1.11). Este consejo resulta muy acertado, porque con el tiempo el manipulado corre el riesgo de convertirse en manipulador.

Una de las razones por las que encontramos en nuestra Biblia tales cuestiones internas de esa iglesia no es porque a Juan le encantara dejar expuestos al sol los trapitos de dicha comunidad de fe para la posteridad, sino con el objeto de que tú y yo aprendamos que esos comportamientos no son de Dios, resultan enfermizos y no se corresponden con el liderazgo cristiano, y también para que no nos convirtamos en víctimas ni victimarios de la manipulación fuego.

Muchas personas caen en las garras de este tipo de manipulador porque no están atentas a discernir estas características. Sin embargo, yo diría que más grave aún es el hecho de que ni siquiera examinan lo que ellas mismas sienten ante este tipo de personalidad. Resulta tremendamente útil saber que el primer método de discernimiento para detectar no solo a este tipo de «manipulador fuego», sino a todos los manipuladores, consiste en sondear lo que uno mismo está sintiendo. Los primeros indicadores de que estás frente a un manipulador puedes encontrarlos en ti mismo. No hace falta ser un gran observador del otro, sus conductas y comportamientos, ni tampoco un experto. Basta con observar atentamente lo que sientes ante estas personalidades.

Analiza lo que experimentas cuando te relacionas con ellos. Cuando empieces a inspeccionar tus propias sensaciones internas, te darás cuenta de que la mayoría de los manipuladores te producen alguno de estos sentimientos: intenso deseo de ayudarlos, miedo, culpa, vergüenza o sensación de vacío. Estas son luces rojas de advertencia en el tablero del auto de tu vida, las cuales te indican que te estás involucrando en una relación con una persona manipuladora.

DOS MEDIDAS PREVENTIVAS ANTE EL MANIPULADOR

Permíteme ahora hacerte dos sugerencias para que puedas ser libre de esta manipulación que tanto daño provoca.

En primer término, dale el poder a Dios. Hace muchos años, luego de leer 1 Crónicas 16.28, que dice: «Tributen al Señor la gloria y el poder», sentí que el Espíritu Santo me impulsaba a darle a Dios toda la gloria y todo el poder. Así que empecé a alabarlo con mis oraciones, exaltándolo, honrándolo y glorificándolo. Sin embargo, de inmediato percibí que el Señor me inquietaba en mi interior con una indicación: *no solo dame toda la gloria, sino también todo el poder.* Sabía que este no era un pensamiento mío, sino del Espíritu Santo que me estaba dirigiendo. Así que le pregunté al Señor en oración: «¿Cómo puedo darte todo el poder? Entiendo lo de darte toda la gloria, pero no todo el poder. ¿Cómo puedo darte todo el poder si eres todopoderoso, omnipotente? Todo el poder ya es tuyo. ¿Cómo puedo *yo* darte todo el poder?». Y el Espíritu Santo me hizo ver que muchísimas veces yo le estaba otorgando el poder sobre mi vida a las circunstancias y también a las personas. Me indicó claramente que de allí en adelante debía darle este poder solo a Dios, que nunca más debía otorgarle a las circunstancias ni a las personas el poder sobre cualquier área de mi vida.

El manipulador produce efecto en tu vida debido a que tú le das el poder para hacerlo. Muchas veces nos dejamos atraer y atrapar, de modo que el «manipulador fuego hipnotizador», tan atractivo, nos captura. Otras veces experimentamos las punzadas de la culpa, el temor o la victimización del otro, de modo que no enfrentamos la situación y respondemos a los deseos del «manipulador fuego dominador», dejando que sus estrategias determinen nuestras acciones.

Acuérdate siempre que tienes la libertad de decidir a quién le otorgas poder sobre tu vida. En una próxima enseñanza consideraremos cómo reconocer tus puntos débiles, los cuales el manipulador aprovecha para controlarte. No obstante, en este mismo momento, determínate al menos a entregarle el control de tu vida únicamente a Dios.

En segundo lugar, manéjate con asertividad. No alimentes el patrón de la manipulación. Acuérdate de que Jesús nos enseña a ser asertivos, es decir, ni manipuladores, ni manipulados; ni agresivos, ni pasivos.

Con mucha mansedumbre, persigue la justicia y muéstrate misericordioso. Por más cercana que sea la persona, no permitas que logre lo que busca: atemorizarte, culparte, hacer que sientas lástima, hipnotizarte y dominarte. Cada vez que por no discutir niegas el problema o lo dejas pasar, refuerzas el comportamiento de esa persona hacia ti.

Dale a Dios el poder sobre tu vida y ya no necesitarás que los demás te afirmen y aprueben. El Señor te sanará de tu rechazo, tu inseguridad, tu necesidad de control. Tu deseo de controlar se cura entregándole de manera consciente y constante el control a Dios en cada situación. Hazlo en este mismo instante. Te guío en una oración:

Padre celestial, te doy toda la gloria únicamente a ti, pero también te otorgo todo el poder sobre mi vida. Renuncio a dejarme controlar por las circunstancias. Renuncio a dejarme controlar por las personas y sus actitudes. Le he entregado mi vida a Jesucristo. Y él está sentado en los lugares celestiales a tu diestra por encima de todo poderío, por encima de las circunstancias, por encima de todo ser humano. Mi vida depende de ti, no de las circunstancias. La afirmación y la aprobación necesarias para vivir sanamente vienen de ti, Señor, no de las personas. No viviré de limosnas, de las migajas de aprobación, valoración y afirmación de la gente. Ya tengo en Cristo Jesús toda la aprobación, la aceptación y la valorización que mi vida necesita, las cuales son un resultado de tu amor perfecto e incondicional por mí, amado Padre. Te entrego ahora y para siempre todo el poder sobre mi vida. En el nombre de Jesús, mi Señor, amén.

SANÁNDOTE DE LA NECESIDAD DE MANIPULAR

El análisis interior no sirve solo para detectar qué sentimientos te provoca el manipulador. También lo tienes que llevar a cabo para detectar si tú mismo eres un «manipulador fuego». La raíz de todo manipulador, por seguro que se muestre, es la inseguridad, la cual es producto de haber experimentado rechazo. Detrás del deseo de hipnotizar y dominar se esconde una tremenda inseguridad.

Si ese es tu caso, debes sanarte, pues esa sensación de desvalorización interna te está llevando a la necesidad de seducir y dominar a todos. No permitas que tu ser interior se siga resquebrajando. No dejes que la brecha de tu alma se ensanche más. Enfrenta esos fantasmas internos y busca la sanidad de Dios, de modo que ya no emplees las peores formas de relacionarte con las personas ni sigas experimentando los peores finales en tus relaciones.

Nelson Rolihlahla Mandela estuvo veintisiete años en la cárcel. Tras su liberación, ganó las elecciones y se convirtió en el primer presidente democrático de Sudáfrica, guiando un proceso de reconciliación distintivo e histórico. En uno de sus discursos más importantes citó las palabras de Marianne Williamson de su libro *A Return to Love*: «Nuestro miedo más profundo no es que seamos inadecuados. Nuestro miedo más profundo es que seamos poderosos más allá de cualquier medida. Es nuestra luz, no nuestra oscuridad, lo que más nos asusta». Nos preguntamos: ¿quién soy yo para ser brillante, magnífico, talentoso, fabuloso? La pregunta relevante, sin embargo, es: ¿Quién eres para no serlo? Eres hijo de Dios. Tu pequeñez no le sirve al mundo. Todos podemos brillar, como lo hacen los niños. Nacimos para manifestar la gloria de Dios que está en nosotros. La misma no se les otorga solamente a algunos de nosotros, sino está en todos. Y mientras que dejemos que nuestra propia luz brille, inconscientemente le damos permiso a otra gente a hacer lo mismo. Del mismo modo en que fuimos liberados de nuestro propio miedo, nuestra presencia libera automáticamente a otros».[8]

Tu identidad no es la de un manipulador. Tú no eres un sepulcro, eres alguien resucitado en Cristo.

No eres un vientre estéril, un insatisfecho. Estás completo y puedes sentirte pleno en Cristo.

No eres un desierto, una tierra seca. Eres una tierra buena, lista para dar mucho fruto si ya no te sigues considerando un pobrecito y te haces cargo de tu vida.

No eres un fuego arrasador destructivo. En ti está el fuego del Espíritu Santo para quemar en tu interior toda inseguridad, toda inmadurez, y que puedas vivir como un pacificador, disfrutando de un perfecto *shalom*, una bendición completa.

Por eso resulta indispensable que te examines. Hazlo ahora mismo. Yo te ayudo. Comencemos el autoanálisis usando las seis características que mencionamos arriba.

Primero: ¿Eres un dominador? ¿Te gusta siempre ocupar una posición dominante? ¿Te agrada ser el centro, tener el primer lugar en todo? ¿Quieres ser invariablemente el que toma las decisiones?

Segundo: ¿Eres dogmático, cerrado e intolerante? ¿Te cuesta escuchar a los otros y aceptar sus opiniones? Cuando las cosas no se hacen como te gustan, ¿te sientes muy frustrado y te vuelves intolerante con las personas?

Tercero: ¿Te descubres siempre argumentando y racionalizando para que los demás hagan lo que te parece? ¿Te gusta decir que lo haces porque eres una persona lógica y racional? ¿Siempre tienes un discurso para lograr que los otros hagan lo que deseas? ¿Encuentras siempre explicaciones para todo? ¿Tener razón en una discusión es tu obsesión? ¿Te escuchas a ti mismo decir con frecuencia: «Tenía razón»?

Cuarto: ¿Eres una persona iracunda? ¿Te enojas con facilidad? ¿Puedes decir que eres de «mecha corta»? ¿Sueles excusar tus explosiones de enojo diciendo que no soportas la mediocridad? Cuando alguien no se ajusta a tus esquemas o tiene una visión diferente a la tuya, ¿muestras la tendencia a descartarlo y sacarlo de tu círculo de relaciones?

Quinto: ¿Eres una persona controladora? ¿Necesitas estar siempre en control de todo? Cuando no puedes controlar alguna situación, ¿te llenas de ansiedad? ¿Estás detrás de todos los detalles y muestras una actitud perfeccionista? ¿Tienes mucho temor a equivocarte? ¿Tienes niveles de exigencia desmedidos, tanto para ti mismo como para los demás? ¿Vives estresado? ¿Cómo te sientes ante circunstancias que superan tus posibilidades de control?

Sexto: ¿Eres una persona autoritaria? ¿Los demás te ven así? ¿Tienes la tendencia a tomar represalias con los que no se sujetan a tus visiones, decisiones u opiniones? ¿Puedes ver que esas actitudes autoritarias y rígidas son el resultado de tu propia inseguridad? ¿Cuáles son tus temores?

No dejes de responder a estas preguntas. Y luego de escribir las respuestas, repite el cuestionario, pero ahora permite que sea la persona de mayor confianza en tu vida la que dé las respuestas. Pídele que por favor sea absolutamente sincera y no tenga temor a tus posibles enojos o represalias. Y aunque te parezca que esa persona está equivocada en su percepción, préstale atención y sospecha de tus propias percepciones. Ese es el camino hacia la sanidad.

La palabra Señor en latín es *Dominus*. De ella se derivan nuestros términos: dominar, dominio, dominador. ¿Quién tiene el dominio de tu vida? ¿Quién es el *Dominus*, el que en realidad gobierna? La verdadera sanidad de tu impulso de manipular a las personas a fin de dominarlas comienza entregando el control de tu vida al gobierno *real* de Jesús. Y digo real porque no se trata de una simple oración litúrgica, sino de renunciar al control de las circunstancias y, obviamente, las personas, permitiendo que Dios sea el que controle todo. Ya no tienes que vivir seduciendo. Como dijo el profeta Jeremías, eres tú el que tiene que ser seducido y vencido por Dios: «¡Me sedujiste, SEÑOR, y yo me dejé seducir! Fuiste más fuerte que yo, y me venciste» (20.7).

Hazlo ahora mismo. Te guío en una oración:

Padre celestial, te reconozco como mi Señor y por lo tanto te entrego el control absoluto de mi vida, mis circunstancias, mi futuro, todo. Renuncio a querer controlar las circunstancias. Renuncio a tratar de manipular a las personas para controlar sus respuestas, actitudes y acciones. Renuncio al miedo a lo que viene y la inseguridad. Renuncio al temor al rechazo de las personas. La afirmación y la aprobación necesarias para vivir sanamente provienen de ti, Señor, no de las personas. No viviré ansioso tratando de lograr la aprobación, la valoración y la afirmación de la gente, porque ya tengo en Cristo Jesús toda la aprobación, la aceptación y la valorización que mi vida necesita, las cuales resultan de tu amor perfecto e incondicional por mí, amado Padre. Te entrego ahora y para siempre todo el control de mi vida. En el nombre de Jesús, mi Señor, amén.

La historia de la humanidad se divide en dos eras: antes y después de Cristo. Los años de la era cristiana se enumeran progresivamente y luego se les agrega las siglas A.D., que significa *Anno Domini*, es decir, año del Señor.

Tu vida también puede dividirse en antes y después del dominio de Cristo. Antiguamente, tu vida estaba marcada por el deseo de control y dominio, lo cual te llevaba a la manipulación. No obstante, ahora puedes declarar que cada año de tu vida de aquí en adelante será un *Anno Domini*, un año del Señor. Vive cada día bajo su gobierno y entregándole el control de todo, y entonces disfrutarás de un *Anno Benedicto*. O mejor aún, de una vida en la que todas tus relaciones personales serán controladas y bendecidas por Dios.

CAPÍTULO 7

EL SÉPTIMO SAMURÁI

«Mientras la naturalidad de la vida subsiste del lado del amo y del lado del servidor, este abdica su voluntad arbitraria en la voluntad del primero, el cual, por su parte, no admite en su conciencia de sí la voluntad del servidor, sino solamente los cuidados para conservar su vida natural».

—GEORG WILHELM FRIEDRICH HEGEL,
Fenomenología del espíritu

Akira Kurosawa fue uno de los más destacados directores del cine japonés. Su película *Los siete samuráis* es considerada una de las más influyentes de la historia. La trama transcurre en una aldea japonesa que se ve atacada de forma constante por bandidos. Los campesinos entonces deciden contratar a siete guerreros expulsados de la corte. Seis de ellos son verdaderos samuráis educados en las artes marciales, lo cual los hacen sentir superiores moralmente. Estos hombres aceptan la tarea forzados por su situación, aunque la consideran una humillación para gente como ellos, pertenecientes a esa casta guerrera. Sin embargo, a medida que conviven con los aldeanos, empiezan a sentir una verdadera compasión por estas personas.

El séptimo samurái es Kikuchiyo, que en realidad es un impostor. Siendo de origen campesino, buscaba ser promovido a la condición de auténtico samurái, hasta que es descubierto a pesar de sus esfuerzos por distinguirse del resto de los aldeanos.

Los auténticos samuráis se muestran amables y comprensivos con los aldeanos, mientras que Kikuchiyo los trata sin contemplaciones. No obstante, a medida que la película transcurre, queda en evidencia que el único hombre en verdad digno era Kikuchiyo. Santiago Alba Rico destaca correctamente que la escena fundamental es aquella en la que Kikuchiyo ridiculiza furioso la bondad de los samuráis hacia los campesinos y dice: «Los campesinos son sumisos, astutos, cobardes, lloricas, ocultan sake en el bosque y os engañan sin parar; pero sois vosotros los que les habéis hecho así». La razón de su furor consiste en que detrás de ese trato generoso de los samuráis se escondía una actitud de superioridad, mientras que los campesinos asumían una actitud dependiente. El conflicto se resuelve cuando, frente a un enemigo común, la dignidad de Kikuchiyo se transfiere a toda la aldea y los seis samuráis se desclasan, abandonando los sentimientos de superioridad. Finalmente, aquellos campesinos dejaron de considerarse inferiores a sus enemigos a partir del descubrimiento de su propia dignidad. Ya no necesitaban más de un samurái para defenderse.

Tú, querido lector, tienes que convertirte en el séptimo samurái. La causa por la que eres manipulado es que le entregaste tu dignidad a los otros, les concediste el poder sobre tu vida. La manipulación es como una sanguijuela que nos chupa la energía emocional. Y como ya vimos, este espíritu de control sobre los demás se manifiesta principalmente por medio de cuatro estrategias. La Biblia las describe a través de cuatro imágenes de insaciabilidad: el sepulcro, el vientre estéril, la tierra seca y el fuego. Estas imágenes representan las cuatro estrategias que el manipulador usa de forma consciente o inconsciente para lograr sus propósitos en la vida de otra persona: el miedo, la culpa, la victimización y el control, ya sea por el dominio o la atracción.

Consideremos cuáles son las causas que provocan que alguien desarrolle estrategias de manipulación y también las razones por las que una persona puede llegar a ser manipulada.

CAUSAS POR LAS CUALES ALGUIEN MANIPULA

La causa básica de la manipulación es la inmadurez emocional. Lo que evidentemente es malo en las relaciones interpersonales, para el manipulador no lo es. Debido a su inmadurez, no tiene la capacidad de evaluar si lo que está haciendo está bien o mal. Como un niño, el manipulador solo piensa en obtener satisfacción con lo que busca o pretende.

El manipulador sanguijuela percibe a los demás como fuentes potenciales que suplen lo que precisa en el momento, no como personas con necesidades y sentimientos propios. El manipulador cree que es un acreedor permanente y que los demás tienen que satisfacer sus expectativas. Por eso solo dice: «¡Dame, dame!». Entender la inmadurez emocional del manipulador resulta esencial para no caer en sus garras.

Muchas de sus estrategias manipuladoras nos parecerían normales, y hasta simpáticas, si las practicara un niño de dos años. Sin embargo, en personas ya maduras, resultan por completo inadecuadas. Y esa es una razón por la que la gente cae con facilidad en sus garras. Vemos a individuos con cuerpos de adultos, desempeñándose en el ámbito laboral y profesional, pero emocionalmente y por ende en sus relaciones personales son niñitos inmaduros y egocéntricos, ya que las raíces del rechazo, el abandono y la desvalorización los mantienen en etapas infantiles, impidiéndoles madurar.

Las personas manipuladoras aparentan ser muy fuertes. Los «manipuladores sepulcro» dan la impresión de ser muy poderosos, ya que nos provocan temor. De modo que, atemorizado, dices: «¡Qué personalidad tan fuerte tiene Fulano!».

Los «manipuladores vientre estéril» también parecen muy fuertes y seguros, pues muestran una apariencia de superioridad que produce culpa y desvalorización en la vida de los demás. Al señalar continuamente tus errores, te hacen sentir pequeño y aparentan ser fuertes.

En su libro *Una pena en observación*, C. S. Lewis nos recuerda la acción de los «manipuladores tierra seca» cuando declara: «Gran parte de una desgracia cualquiera consiste, por así decirlo, en la sombra de la desgracia, en la reflexión sobre ella». Es decir, estas personas no solo han vivido una situación dolorosa, sino que la convierten en una condición, se victimizan y nos inspiran lástima, presentándose como individuos que soportan con firmeza todas las desgracias de la vida y deseando hacernos creer que son fuertes y abnegados.

Los «manipuladores fuego» vienen y arrasan con todo. Son aquellos que, ya sea por la vía de la seducción y la atracción, o por la vía del dominio y el control, nos parecen más fuertes.

Cualquiera sea la estrategia de la sanguijuela, su necesidad de «chupar» se debe a que cuando debía recibir amor, atención, miradas y aprobación, no lo pudo hacer. De modo que ahora, aunque ya es un adulto, necesita una «fuente emocional» de la cual succionar.

Algunas de las marcas distintivas del manipulador son una gran inseguridad y una autoestima baja. Su gran inseguridad hace que se muestre intolerante y dogmático, usando la crítica destructiva e incluso la agresividad cuando su posición parece verse amenazada.

La inseguridad también se manifiesta en su deseo casi compulsivo de enterarse de todo para que la situación no se escape de su control. Le tiene pánico a la evaluación de los demás. La inseguridad lo lleva a ser muy temeroso en sus relaciones sociales. Siente miedo de no estar a la altura, de fracasar.

Tal vez pienses: *Carlos, me voy a volver un desconfiado, un escéptico, por miedo a que me estén manipulando.* No, no. Acuérdate que lo más importante no es lo que otro te diga, sino el efecto que produce en ti. ¿Por qué te afecta tanto, ya sea de forma positiva o negativa, lo que alguien diga de ti? Si necesitas la caricia emocional del elogio para sentirte valorado e importante, te van a manipular, usar, abusar y lastimar. Si vives con temor a perder tu trabajo porque crees que no eres lo suficiente capaz como para que quieran tenerte en una empresa, vas a ser víctima de empleadores y jefes abusadores. No obstante, cuando sabes que vales, el que se tiene que cuidar es tu empleador abusador, en primer lugar porque sabes cuán valioso eres, y en segundo porque vas a hacer una denuncia por abuso.

La manera en que te veas a ti mismo será clave a fin de evitar ser un objeto fácil de la manipulación de los demás, ya que ese tipo de personas lo intentan con todos. Sin embargo, ¿te has preguntado por qué con otros no lo logran y sí contigo? La forma en que te ves a ti mismo es determinante. Enrique Mariscal ilustra claramente esta verdad con una historia:

En un pequeño y lejano pueblo, había una casa abandonada. Cierto día, un perrito logró meterse en ella por un agujero que había en el portón. Subió lentamente las viejas escaleras de madera hasta que se topó con una puerta semiabierta, y se adentró en el cuarto con cautela. Con gran sorpresa, se dio cuenta de que dentro de esa habitación había mil perritos más que lo observaban tan fijamente como él a ellos. El perrito comenzó a mover la cola y a levantar sus orejas poco a poco. Los mil perritos hicieron lo mismo. Luego le ladró alegremente a uno de ellos. El perrito se quedó sorprendido al ver que los mil perritos también le sonreían y ladraban alegremente como él. Cuando se alejó del cuarto, se quedó pensando en lo agradable que le había resultado conocer el lugar y se dijo: «Volveré más seguido por aquí». Pasado un tiempo, otro perrito callejero ingresó en la misma habitación. A diferencia del primer visitante, al ver a todos los congéneres en el cuarto, se sintió amenazado, ya que lo miraban de manera agresiva, con desconfianza. Empezó a gruñir y vio, maravillado, cómo los otros mil perritos hacían lo mismo con él. Comenzó a ladrarles, y los otros también hicieron lo mismo ruidosamente. Cuando salió del cuarto, se dijo: «¡Qué lugar tan horrible! Nunca regresaré». Ninguno de los perritos exploradores alcanzó a reparar en el letrero instalado en el frente de la misteriosa mansión: «La casa de los mil espejos».[9]

Antes de andar con un detector de manipuladores, detecta por qué eres un blanco para ellos. Esto nos lleva a las causas que provocan que te manipulen.

CAUSAS POR LAS CUALES ERES MANIPULADO

Todos podemos ser víctimas de la manipulación. No obstante, hay personas que resultan más proclives a ella. A fin de ser libre de los manipuladores, tienes que detectar tus puntos débiles, ya que el victimario puede ejercer ese dominio sobre la otra persona debido a que la víctima se lo permite. Hay una especie de complicidad, muchas veces inconsciente.

La causa fundamental de que seas una víctima fácil de los manipuladores es que tú mismo le entregas poder sobre tu vida. ¿Por qué?

Los puntos débiles suelen estar relacionados con la baja autoestima, la necesidad de aprobación y el miedo a la posibilidad de perder algo: una relación, los hijos en común, bienes materiales, un trabajo y muchas otras cosas.

ERES UN GRUYERE

Para resolver nuestros conflictos interpersonales, tenemos que trabajar con nuestros conflictos intrapersonales. Un domingo, en nuestra congregación, prediqué un sermón mientras mantenía un inmenso queso gruyere colocado sobre una mesa que estaba delante del altar. El queso gruyere es conocido por los agujeros que tiene. La gente miraba atentamente el gruyere gigante. Entonces corté la gran pieza de queso en rebanadas y las fui repartiendo entre las personas que se hallaban en las primeras filas. Mientras lo hacía, les decía que cada rebanada representaba la vida de cada uno de ellos. Por afuera parecemos muy firmes y consistentes, pero por dentro todos tenemos agujeros. La enseñanza consistió en explicarles que cuando no reconocemos esos agujeros internos, sino los negamos y los mantenemos sin resolver a fin de poder experimentar la sanidad de Dios, esos agujeros interiores tarde o temprano se hacen evidentes, se exteriorizan, ya sea como conflictos interpersonales, enfermedades físicas o psicológicas, limitaciones materiales o crisis familiares. La enseñanza para todos fue bien clara. Nuestros agujeros interiores determinan nuestro exterior.

Y debo decirte que tu interior sin sanar está construyendo relaciones personales en las que se pone de manifiesto la manipulación. Cada vez que tu sentido de aprobación dependa del juicio de los demás, de la estima que los otros te tengan, vas a ser un objetivo fácil de algún manipulador. Cada vez que no recibas la aprobación perfecta de Dios y vivas juzgándote y castigándote con el autodesprecio, serás una potencial víctima de la manipulación. Cada vez que te veas a ti mismo de manera diferente a como Dios te ve y no termines de creer lo que él dice de ti, estarás en la mira telescópica del manipulador.

A LA PERINOLA

La otra razón que te convierte en blanco de los manipuladores es el temor a la pérdida. Como la sanguijuela dice: «Dame, dame», establece una relación en la que el peso siempre está de tu lado, tanto en lo afectivo como en lo económico. Tú eres el que entrega, pone, arriesga. Así que el manipulador juega con tu miedo a perder, miedo a que te dejen, miedo a la ruptura de la relación. Uno de los más grandes tangos de Carlos Gardel ha sido *Mano a mano*. La letra describe la triste historia de alguien que se ha sentido usado, traicionado y manipulado por su pareja. La segunda estrofa de la canción termina diciendo: «Como juega el gato maula con el mísero ratón». El tango revela que el gato, antes de comerse al ratón, juega con él, lo atemoriza. El Dr. José Batista diría que primero le roba la identidad.

Ese temor a la pérdida indica dos cosas. Primero, que la relación ha sido absolutamente asimétrica, dispareja. En América Latina hay un juego llamado perinola, pirinola o pirindola. Se juega con una peonza pequeña parecida a un trompo que está formada por seis lados y se hace girar con los dedos hasta que se detiene. Este es un momento de expectativa, pues el jugador en turno espera que la perinola deje de girar para leer la escritura que está en el lado que queda hacia arriba. Las posibilidades son: pon 1, pon 2, toma 1, toma 2, toma todo, o todos ponen. Sin embargo, a ti te ha sucedido algo diferente. En esa relación asimétrica y dispareja que entablaste o estás iniciando, te han hecho jugar con una perinola que en los seis lados dice lo mismo, y la leyenda declara que siempre eres tú el que tiene que poner, dar y entregar. Y el otro u otra, el manipulador o la manipuladora, juega con otra perinola que en los seis lados dice: «Toma todo». No obstante, en una relación de pareja la cosa es «pareja». Una relación de pareja implica que todos dan y todos toman. Y lo mismo en cualquier otro tipo de relación.

NO PUEDES HACER FELIZ NI TE PUEDEN HACER FELIZ

En segundo lugar, el temor a la pérdida habla de inseguridad. Puede ser interna o debido a que tu confianza estuvo puesta en algo inseguro o falso. Las personas que más sufren como víctimas de la manipulación son aquellas que han fundamentado sus vidas en otras personas o cosas susceptibles de perderse. Si te apoyaste en los logros para sentirte valioso, o en las posesiones para sentirte seguro, el miedo a perder tu punto de apoyo será grande. Y si tu fundamento en la vida fue otra persona, la cosa es aun más grave y las consecuencias más dolorosas. La Biblia es categórica en cuanto a esto cuando dice: «¡Maldito el hombre que confía en el hombre!» (Jeremías 17.5). Y este cimiento equivocado será el agujero por el que penetrará la manipulación.

Por esta razón muchos buenos creyentes viven vidas inferiores a la vida abundante que Jesús prometió. Están esperando encontrar a la «media naranja» para ser felices. Y mientras esa otra persona no llega, no alcanzan la felicidad plena. Si se quedan solteros, se consideran a sí mismos personas de segunda categoría, viviendo con raíces de amargura porque Dios no les dio a la pareja que los haría dichosos. No obstante, esto es una gran falacia que desdichadamente ha encontrado aceptación en el pueblo de Dios. Si fuera cierto que para ser feliz uno debería estar casado, todas las personas casadas serían felices. Pero no lo son. Y muchos creyentes desarrollan esta falsa expectativa, pensando que alcanzarán la felicidad cuando encuentren al otro. Entonces, una vez que lo hallan, el resultado es que dos seres infelices se encuentran con la intención de ser felices juntos. ¡Vaya absurdo! Solo se puede dar lo que uno tiene primero.

Los pastores muchísimas veces reforzamos esa mentira cuando en las ceremonias de bendición matrimonial le decimos a la pareja: «Que sean muy felices». ¡No! Siempre explico que cuando conocí a mi esposa Silvana, ella no me dijo: «Carlos, he venido para que tengas vida, y la tengas en abundancia». No. Ni yo se lo dije a ella. Si Silvana pudiera hacerme feliz, ¿para qué vino Cristo al mundo a morir por mí? Solo Cristo me puede hacer feliz. Y solo Cristo te puede hacer feliz a ti. Ninguna otra persona es capaz de hacerlo. Cuando le entregas a alguien el poder de hacerte feliz, no solo estás siendo injusto con esa persona, ya que le exiges que haga algo que solo Dios puede hacer, no solo te vuelves intolerante y te frustras cuando no puede hacerte feliz, sino que además te conviertes en un potencial blanco de la manipulación, y por ende en víctima de un gran sufrimiento futuro.

Y lo mismo ocurre a la inversa. Cuando aceptas que una persona te diga que la haces muy feliz, estás accediendo a que más adelante te culpe de hacerla infeliz, o arruinarle la vida, o destruirle la existencia. Cuando aceptas que alguien te diga que sin ti no puede vivir, el paso a la extorsión futura está muy cerca. Y si eres tú el que se lo dice a otra persona, la amenaza de dejarte, a menos que cumplas con sus condiciones, deseos o expectativas, estará siempre flotando en la atmósfera de la relación, incluso cuando nunca se verbalice explícitamente.

Silvana y yo estamos casados hace más de veintisiete años. Dios nos unió, pero no para que uno haga feliz al otro, pues ambos ya éramos felices antes de casarnos debido a que le habíamos entregado nuestras vidas al único que puede hacernos dichosos: el Señor Jesucristo. Dios nos unió para que los dos desarrolláramos la capacidad de amar y ser amados sanamente, llevando adelante un proyecto de vida, una familia, un ministerio. Por eso, a pesar de mis muchos errores, Silvana en tantos años no se ha decepcionado de mí ni se ha desencantado con la relación, ya que jamás se ilusionó falsamente para desilusionarse luego. Sí desarrolló su capacidad de amar, amándome a pesar de todo.

Tú eres el séptimo samurái, que asume su dignidad en Cristo Jesús. Que le entrega el poder de su vida únicamente a Cristo Jesús. Que encuentra plenitud de vida y felicidad en Cristo Jesús. Que establece como el fundamento de su vida, su confianza y su esperanza a Cristo Jesús. Que sabe, siente y disfruta que su todo sea Cristo Jesús. ¡Cristo Jesús, Cristo Jesús, Cristo Jesús!

CAPÍTULO 8

MADERA BUENA

«Cuando el comportamiento de otro es extremadamente doloroso para mí, todavía se dispara mi pánico de la infancia y quiero controlar a la otra persona».

—MARGARET PAUL

Según el texto bíblico que describe la acción del manipulador sanguijuela que ejerce dominio sobre el otro, este tipo de personalidad jamás dice: «¡Basta!». Por eso, es tiempo de que tú que has sufrido una y otra vez sus manipulaciones les pongas un alto.

Cuando uno entiende que la manipulación no es un problema exclusivamente generado por un manipulador, sino que esa acción tiene una contraparte en el permiso que la persona manipulada le da, la primera acción concreta para encarar el tema de la manipulación y empezar a resolverlo es trabajar en uno mismo.

CÓMO ENFRENTAR LA MANIPULACIÓN

Así que, antes que nada, debes trabajar primero en ti mismo, de lo contrario, cualquier cosa que hagas será insuficiente. Si sigues entregándole el poder de tu vida a las personas, las cosas o los logros, estás en una situación de alto riesgo. De una vez por todas, concédele el poder sobre tu vida únicamente a Dios. Recibe tu valoración, aprobación y aceptación solo de parte del Señor.

Entiende y cree quién eres en Cristo Jesús. Ninguna otra generación ha hablado, escrito tanto ni buscado soluciones al problema de la autoestima como la nuestra. Sin embargo, ninguna ha tenido tantos problemas de autoestima como nuestra generación. Creo que mientras más hagamos depender nuestra valía de los demás o de nosotros mismos, seguiremos con problemas de autoestima. La gran dificultad en cuanto a esto radica en que los patrones para medir nuestra valía están errados. Permitimos que nuestro sentido de valoración, aprobación y aceptación dependa de personas que están imposibilitadas emocionalmente para darnos una correcta estimación.

Un muchacho que estaba muy deprimido fue a ver a un sabio. Cuando llegó, le dijo:

—Señor, vengo a que me ayude. Me siento muy mal. Soy un fracasado. Nadie me tiene en cuenta, todo el mundo me rechaza, me dicen que no sirvo para nada, que soy un inútil. Me desprecian, nadie me considera. En verdad soy un fiasco.

—Yo también tengo problemas, así que no puedo ayudarte —le dijo el sabio.

El joven sintió que era rechazado una vez más, pero cuando se estaba yendo, el sabio lo llamó y le dijo:

—Ya que estás aquí, hazme un favor. Toma este anillo y ve al pueblo y trata de vender la joya. Necesito urgentemente ese dinero. Pero escucha bien esto: ¡no vayas a dar el anillo por menos de una moneda de oro! ¿Está claro?

El muchacho se puso muy feliz al ver que podía ser útil. Rápidamente, se dirigió al mercado del pueblo. Todo el día se mantuvo ofreciendo el anillo, pero cuando mencionaba el precio, la gente se reía y no quería saber nada sobre comprar la joya.

Cansado de tanto desprecio, resolvió regresar. Una vez frente al sabio, le contó acerca del fracaso de todos sus intentos por vender la joya. El hombre le dijo:

—Mira, hagamos lo correcto. Lleva este anillo donde el joyero del pueblo, él si conoce su verdadero valor. Dile que lo cotice, pero no lo vendas. No importa cuánto dinero te ofrezca.

El chico se presentó ante el joyero. Este tomó el anillo en sus manos y lo examinó cuidadosamente con una lupa, luego le hizo una prueba con unos ácidos y final exclamó:

—¡Esto sí que es una verdadera obra de arte!

Se quitó los lentes y mirando al muchacho, le dijo en tono muy emocionado:

—Mira, muchacho, dile al dueño de esta joya que le doy ahora mismo cincuenta y ocho monedas de oro por ella, pero que si se espera unos ocho días más, le puedo subir el precio... ¡hasta setenta monedas de oro!

El chico casi se desploma cuando escuchó la oferta del joyero. Se subió al caballo y corrió a todo galope hasta donde se encontraba el sabio. Cuando le relató lo sucedido, el hombre le dijo:

—Debes tener mucho cuidado con la opinión de los demás. No todos tienen la capacidad de valorarnos por lo que en realidad somos. Así que no creas todo lo que han dicho o dirán de ti.

Lo mismo, querido lector, ha sucedido contigo. Has dejado que tu sentido de valor dependa de la opinión de personas que no tienen la capacidad emocional de apreciarte. Es hora de que no permitas más que algunos discapacitados emocionales determinen tu valía.

Sin embargo, ahí no termina la cuestión, ya que cuando somos conscientes de esta imposibilidad de los demás de apreciarnos en nuestro justo valor y acudimos a los libros de autoayuda, los terapeutas y los consejeros, estos nos dicen que creamos en nosotros mismos. Y entonces el problema se agrava, porque nosotros también fallamos en hacer una apreciación adecuada.

La única forma de sanar tu autoestima es midiéndote según el patrón de Cristo. Mientras hagas depender tu valor de ti mismo o de personas discapacitadas para apreciar adecuadamente a los otros, tendrás problemas de autoestima.

El asunto no tiene que ver con la auto-estima, sino con la Cristo-estima. ¿Quién dice Cristo que soy en él? Y si lo dice Cristo, yo lo creo, lo acepto, lo abrazo, dejo que sea mi gran verdad. De lo contrario, vas a vivir tratando de agradar, de complacer para que te quieran, y lo que sigue es ceder a estrategias enfermizas de control y manipulación.

MANIPULADO Y MANIPULADOR NECESITAN EL CENTRO

En segundo lugar, debes trabajar también en tu fuente de apoyo. Deja definitivamente las muletas y apóyate en la Roca Eterna. Si Cristo no es tu todo, estás en el lugar equivocado. Y sufrirás de manera innecesaria. Así que tu mejor defensa es estar en Cristo, sano, libre, seguro.

Esto no solo es así para la persona que ha sufrido manipulación, sino ocurre exactamente lo mismo con el que manipula. Tanto el manipulador como el manipulado, el agresivo como el pasivo, están en los extremos, sufren de un desbalance emocional y necesitan buscar el centro, el equilibrio que brinda Cristo Jesús viviendo en nosotros y definiendo nuestra identidad.

Así que si a través de las enseñanzas de este libro te identificas como alguien que manipula, quiero decirte que tu identidad no es la de un manipulador. Tu identidad verdadera está en Cristo. Se trata solo, como hemos explicado, de que te acostumbraste a sobrevivir en un mundo de rechazo, abandono y desvalorización, y la manera en que has aprendido a desenvolverte es manipulando.

El miedo profundo que fue programado en ti cuando eras pequeño dispara tu deseo de controlar. Cuando sientes que tu yo es amenazado o herido, sale a flote tu necesidad de ejercer dominio sobre las decisiones y elecciones de las demás personas. Sin embargo, eso te ha mantenido sumido en una niñez emocional, ya que incluso cuando hayas tenido éxito en tus manipulaciones, sabes mejor que nadie que las punzadas de la inseguridad te están desgastando. Que por más que proyectes culpa y temor sobre los demás, estás agotado de sentirte culpable y lleno de temor. O que ya no deseas inspirar más lástima. Ni vivir mostrando intolerancia. Que no te satisface que alguien esté contigo por temor o astucia. Que ninguna relación de este tipo te llena. Que no hay mirada que te alcance, ni atención que te colme, ni logro que te afirme. Dentro de ti hay un niño necesitado de un amor sano, pero tu cuerpo adulto precisa un ser interior maduro.

La primera y principal defensa ante las manipulaciones propias y ajenas es Cristo, el todo en nuestra vida. Por favor, no creas que esta es una declaración teológica. ¡No! Es la única solución. Si Cristo no se convierte en tu todo, en tu identidad, nada te servirá.

EMPRENDE UN REAPRENDIZAJE

En tercer lugar, una buena protección será comprender y afianzar estas enseñanzas. Después que estés sano y afirmado en Cristo, la estrategia más exitosa que puedes utilizar para tratar con un manipulador es entender que estás frente a un niño y tratarlo como lo haces con los chicos. Si eres padre o madre, sabes perfectamente que resulta esencial establecer límites para una educación sana de nuestros hijos. Y luego mantenernos firmes, recompensar la buena conducta y no dejar pasar los malos comportamientos.

Resulta indispensable que no te dejes llevar por el aspecto físico adulto de la persona. Cuando estás frente a un manipulador, tienes que tener claro que es un niño emocional. Tampoco te engañes debido al puesto que ocupa, su responsabilidad laboral o el desempeño que tenga. Esta persona puede ocupar una posición de alta responsabilidad y disfrutar de reconocimiento, y sin embargo, comportarse con inmadurez emocional. Se trata de un niño necesitado de límites, de modo que debemos ser persistentes con esos límites y establecer premios y castigos igual que lo hacemos con nuestros hijos, explicando y orando con amor, pero también con firmeza.

Tal vez tengas ganas de decirme: «Carlos, yo vivo con un manipulador y he sido permisivo, he permitido que me manipulen por años. Siento que es tarde». ¡No lo es! Por supuesto, te costará mucho más que si la relación estuviera en una etapa inicial, pero es posible. Solo necesitas empezar y tener mucha, mucha, mucha paciencia. No obstante, comienza ya. Los cambios no vendrán de inmediato, pero ocurrirán.

Además, tienes que hacerlo con mucho amor. Los cambios no se imponen en la vida de los otros por la vía de la argumentación. No se te ocurra decirle a tu esposo: «José, eres un manipulador y tienes que cambiar. Leí un libro donde el autor explica que tus comportamientos son los de un manipulador». ¡No! ¡Ni se te ocurra! No pongas a Dios, a la iglesia ni a mí de por medio. No generes un rechazo hacia Dios o sus cosas en la otra persona.

Inicia un proceso amoroso y paciente. Siéntate con tu cónyuge, tu hijo, tu amigo o amiga. Y no lo hagas en medio de una discusión, sino en un momento de paz. Primeramente, expresa tu amor y luego explícale que determinadas actitudes te hacen daño y no estás dispuesto a permitirlas más. Acepta que por años tuviste una actitud enfermiza y permisiva, pero aclara que ahora quieres cambiar para bien de los dos y que la relación deje de ser dispareja, enfermiza, de modo que serás firme estableciendo límites a fin de que juntos aprendan una nueva manera de relacionarse.

¿Y sabes lo que va a suceder? Tendrás que repetir esa conversación una y otra vez, pues como se trata de un reaprendizaje, costará mucho más que aprender de cero. No obstante, si te mantienes firme, en oración y buscas la ayuda de Dios, poco a poco la relación irá cambiando, y al hacerlo con amor, lentamente la otra parte será consciente de su necesidad de sanidad.

En el peor de los casos, si la otra persona no quiere sanar ni cambiar, podrá manipular a todos menos a ti. Recuerda que si uno no quiere, dos no pueden. Por dominante que sea la otra persona, no podrá ejercer un espíritu de control sobre tu vida a menos que se lo permitas.

Sin embargo, necesitas tener en cuenta que cuando te dispongas a establecer una relación sana, madura y pareja, no debes hacerlo con las mismas técnicas de manipulación del otro. No pelees, no desvalorices, no culpes, eso solo agrandará el agujero de inseguridad de la otra persona e intentará manipularte más. Tampoco te victimices. En todo caso, si eres víctima de alguien, no es solo del otro, sino de ti mismo. No se puede ir en contra del espíritu de manipulación y control teniendo ese mismo espíritu dentro de nosotros.

UNA HISTORIA ALECCIONADORA

Quisiera concluir con dos historias. La primera describe la relación entre un manipulador y un manipulado. Trata de dos hermanos formados en un hogar donde el amor y la valoración se daban condicionalmente, en el que había que lograr el amor de papá y mamá, luchar por la bendición. Así que ellos crecieron. Uno, tratando de agradar y complacer al papá haciendo lo que le gustaba. El otro, intentando agradar a su madre, una experta manipuladora, haciendo lo que ella le decía y actuando contra su hermano.

El nombre de uno, el manipulador, era Jacob, y el nombre de su hermano, el que sufrió la manipulación, era Esaú. Jacob utilizó las estrategias de manipulación, principalmente la del fuego, para como una sanguijuela conseguir primero la primogenitura que le pertenecía a Esaú y luego la bendición paterna. Entonces Esaú sufre el tremendo dolor de haber sido abusado y manipulado. La madre le dice a Jacob que huya. Y la triste historia de manipulación de Jacob continúa. Ahora es con su futuro suegro, tanto en lo afectivo como en lo material.

Pasan largos años en los que los hermanos se mantienen separados, pero un día el manipulador Jacob se encuentra con Dios. Y por supuesto, también quiere manipularlo. Sin embargo, Dios por medio de su ángel le toca la coyuntura, su punto de apoyo, su firmeza. Luego le cambia el nombre y le dice que no se llamará más Jacob (que significa suplantador, manipulador, el que agarra el talón), sino Israel (que significa Dios lucha y vence). Él cambia el punto de apoyo de Jacob, su deseo de control y manipulación, convirtiéndolo en alguien cuya fortaleza debía descansar en Dios.

Entonces tiene lugar el reencuentro con su hermano. Antes del toque de Dios, Jacob había preparado una estrategia de manipulación para reencontrarse con su hermano. Con mucho temor se dispuso a enfrentarse a su hermano enviando delante a los chicos y las mujeres con el fin de manipularlo, pero se encontró con algo que no había calculado. Descubrió que Dios había obrado también en la vida de su hermano, de modo que Esaú corrió al encuentro de Jacob, se colgó de su cuello, lo besó y ambos lloraron. Esaú miró a los hijos de Jacob y se dio cuenta de que era tiempo de empezar una nueva historia, una nueva relación.

Al leer esta historia, tal vez te sientes identificado con Esaú. Si es así, Dios quiere que abandones la postura de víctima y no te resignes a tener una actitud pasiva. Él desea que primero te sanes y luego salgas al encuentro de esa persona que te ha manipulado. Y que como Esaú, tomes la iniciativa, la ames, y le expreses amor con palabras y gestos. Y que llores y te muestres vulnerable, sin negar tus sentimientos, mostrándole que te hace mal cuando te manipulan. No te calles. Cuando Esaú vio la estrategia de manipulación que había preparado Jacob, le hizo una pregunta bien interesante: «¿Qué significa todo esto?». Fue como si Esaú le hubiera dicho: «Mira, ya no me trago más tus estrategias de manipulación, porque nada de esto nos ha servido. No obstante, miro a tus mujeres e hijos y me doy cuenta de que tenemos que iniciar una nueva historia. ¡Vamos! Empecemos».

O tal vez en tu caso te sientes identificado no con Esaú, sino con Jacob. Sobreviviste a la falta de amor y valoración por medio de la manipulación. Sin embargo, hoy Dios sale a tu encuentro para tocar tu punto de apoyo y te dice que cada vez que intentes manipular a alguien, vas a renguear, andarás a medias, nada te llenará, nada te hará caminar y avanzar con plenitud. Él no desea que te llamen más manipulador, suplantador y astuto, sino más bien que él sea tu fortaleza, que te conozcan como un hijo de Dios que vence.

Dios sale a tu encuentro ahora para colgarse de tu cuello, besarte y sanarte, de modo que ya no estés en ninguno de los dos extremos. Que ya no seas más ni un manipulador herido ni un manipulado que sufre, sino que puedas encontrar tu plenitud únicamente en él.

LOS TRES ÁRBOLES

Permíteme terminar este capítulo con un segundo relato. En este caso es una historia ficticia de un autor desconocido:

En la cumbre de una montaña, tres pequeños árboles soñaban sobre lo que querían llegar a ser cuando fueran grandes.

El primer arbolito dijo: «Yo quiero ser un baúl lleno de oro y piedras preciosas, guardar los tesoros más preciados».

El segundo arbolito afirmó: «Yo quiero viajar a través de aguas temibles y llevar reyes poderosos sobre mí. Seré el barco más importante del mundo».

El tercer arbolito indicó: «Yo no quiero irme de la cima de la montaña nunca. Deseo crecer tan alto que cuando la gente del pueblo se pare a mirarme, levante su mirada al cielo y piense en Dios. Seré el árbol más alto del mundo».

Los años pasaron y los pequeños árboles crecieron altos. Un día, tres leñadores subieron a la cumbre de la montaña.

Un leñador miró al primer árbol y exclamó: «¡Qué árbol tan hermoso este!». Y con la arremetida de su hacha el primer árbol cayó.

«Ahora me convertirán en un baúl hermoso, repleto de tesoros maravillosos», se dijo el primer árbol.

Otro leñador miró al segundo árbol y comentó: «Este árbol es muy fuerte, resulta perfecto para mí». Y con la arremetida de su hacha el segundo árbol cayó. «Ahora navegaré por los océanos y seré un barco importante para reyes poderosos», se dijo.

El tercer árbol sintió su corazón sufrir cuando el último leñador lo miró. El leñador dijo: «Cualquier árbol es bueno para mí». Y con la arremetida de su hacha el tercer árbol cayó.

El primer árbol se emocionó cuando el leñador lo llevó a una carpintería, pero el carpintero lo convirtió en una caja de alimento para animales de granja. Aquel árbol hermoso no fue cubierto de oro, ni colmado de tesoros, sino que fue lleno de alimento para animales de granja.

El segundo árbol sonrió cuando el leñador lo llevó cerca de un embarcadero, pero ningún barco imponente fue construido ese día. En lugar de eso, aquel árbol fuerte fue cortado y convertido a un simple bote de pesca que era demasiado chico y débil para navegar en el océano, ni siquiera en un río, de modo que lo llevaron a un pequeño lago.

No obstante, una noche, la luz de una estrella dorada alumbró al primer árbol cuando una joven mujer puso a su hijo recién nacido en la caja de alimento. «Yo quisiera haberle podido hacer una cuna al bebé», le dijo su esposo a la mujer. La madre le apretó la mano a su esposo y sonrió mientras la luz de la estrella alumbraba la madera suave y fuerte de la improvisada cuna. Y la mujer contestó: «Este pesebre es hermoso».

De repente, el primer árbol supo que contenía el tesoro más grande del mundo.

Una tarde, un viajero cansado y sus amigos se subieron al viejo bote de pesca. El viajero se quedó dormido mientras el segundo árbol hecho bote navegaba tranquilamente hacia adentro del lago. De pronto, una impresionante y aterradora tormenta llegó al lago, el pequeño árbol se llenó de temor, pues sabía que no tenía la fuerza para llevar a todos esos pasajeros a la orilla a salvo con ese viento y lluvia. El hombre cansado se despertó, se paró y alzando su mano dijo: «Calma». La tormenta se detuvo tan rápido como comenzó. De repente, el segundo árbol supo que llevaba navegando al Rey del cielo y la tierra.

Un viernes en la mañana el tercer árbol se extrañó cuando sus tablas fueron tomadas de aquel almacén de madera olvidado. Se asustó al ser llevado a través de una impresionante multitud de personas enojadas. Se llenó de temor cuando unos soldados clavaron las manos de un hombre en su madera. Se sintió feo, áspero y cruel.

Pero un domingo en la mañana, cuando el sol brilló y la tierra tembló con júbilo debajo de su madera, el tercer árbol supo que el amor de Dios había cambiado todo. Esto hizo que el árbol se sintiera fuerte, y cada vez que la gente pensara en el tercer árbol hecho cruz, pensaría en Dios. Eso era mucho mejor que ser el árbol más alto del mundo.[10]

Lo que le da un valor verdadero y maravilloso a tu vida no será lo que otros digan de ti, ni lo que alcances a partir del reconocimiento de tus logros. Tu valía la determina el hecho de que Jesús esté presente en tu vida. Para algunos serás un simple cajón para alimento de animales, pero si Jesús está en ti, serás el pesebre que porta el tesoro más extraordinario. Tu actividad podrá motivar a los demás a calificar tu vida como la de una simple y ordinaria barca, pero el Rey del cielo y la tierra que posee toda autoridad te ha escogido para que lo portes. Tu aspecto puede inspirar a otros e incluso a ti mismo a considerarte una madera rústica, fea y áspera, pero la presencia de Jesús en tu vida, como en aquel madero, cambiará la historia de los que te rodean.

En Cristo estás completo, tienes plena aprobación, todo su amor incondicional te quiere llenar. Él quiere satisfacer tu vida con su plenitud. ¡Eres madera buena!

CAPÍTULO 9

¡VUELA!

«Cuando nuestros líderes hablan, el pensamiento se ha terminado. Cuando ellos proponen un plan, este es el plan de Dios. Cuando ellos indican un camino, no hay otro más seguro. Cuando ellos dan instrucciones, esto debe marcar el fin de la controversia. Dios no trabaja de otra forma. Pensar de otro modo, sin arrepentimiento inmediato, podría costarle su fe, podría destruir sus testimonios, y abandonarlo como un extraño al reino de Dios».

—Iglesia de Jesucristo de los Santos de los Últimos Días

«El gran edificio central estaba rodeado de colores brillantes. Parecía un estacionamiento lleno de autos. Cuando el avión descendió, los autos resultaron ser cuerpos. Montones y montones de cuerpos, cientos de ellos, llevando vestidos rojos, camisetas azules, blusas verdes, pantalones rosas, ropita infantil moteada. Parejas con sus brazos enlazados, niños abrazando a sus padres. Nada se movía. La ropa mojada colgaba de los tendederos. Los campos habían sido arados hace poco. Las bananeras y las vides estaban floreciendo. Sin embargo, nada se movía».[11]

Donald Neff, reportero de la revista *Time*, describía de esta manera el terrorífico espectáculo que divisó cuando llegó a Jonestown, Guyana, como resultado del suicidio masivo más grande registrado, producto del mandato del líder religioso Jim Jones, fundador del

Templo del Pueblo, en el cual fallecieron novecientas trece personas, entre ellas doscientos setenta y seis niños.

¿Cómo explicar que una madre le dé a su bebé una mezcla de jugo de fruta con cianuro? Hay una sola cosa que lo explica: ha sido víctima de la manipulación religiosa.

Esta historia real nos pide a gritos que aprendamos a reconocer la manipulación religiosa. Psicológica y espiritualmente, la manipulación es el primer nivel de la magia y la hechicería. Esto resulta claro en el mundo de las sectas. ¿Pero qué hay de este peligro dentro de las iglesias evangélicas?

Consideremos el pasaje bíblico de Ezequiel 13.17-23:

> Y ahora tú, hijo de hombre, enfréntate a esas mujeres de tu pueblo que profetizan según sus propios delirios. ¡Denúncialas! Adviérteles que así dice el SEÑOR omnipotente: «¡Ay de las que hacen objetos de hechicería y sortilegios para atrapar a la gente! ¿Acaso creen que pueden atrapar la vida de mi pueblo y salvar su propio pellejo? Ustedes me han profanado delante de mi pueblo por un puñado de cebada y unas migajas de pan. Por las mentiras que dicen, y que mi pueblo cree, se mata a los que no deberían morir y se deja con vida a los que no merecen vivir. Por tanto, así dice el SEÑOR omnipotente: Estoy contra sus hechicerías, con las que ustedes atrapan a la gente como a pájaros. Pero yo los liberaré de sus poderes mágicos, y los dejaré volar. Rescataré a mi pueblo de esos sortilegios, para que dejen de ser presa en sus manos. Así sabrán que yo soy el SEÑOR. Porque ustedes han descorazonado al justo con sus mentiras, sin que yo lo haya afligido. Han alentado al malvado para que no se convierta de su mala conducta y se salve. Por eso ya no volverán a tener visiones falsas ni a practicar la adivinación. Yo rescataré a mi pueblo del poder de ustedes, y así sabrán que yo soy el SEÑOR».

¿A quiénes se refiere este pasaje? Aquí se habla de mujeres que atrapaban a la gente con ciertas técnicas. Estas técnicas las utilizan personas que para retener afectivamente a sus parejas hacen uso de la manipulación. También las emplea una tercera persona que intenta romper un matrimonio a fin de establecer una relación afectiva con alguno de los cónyuges.

Más adelante deseo guiarte en una oración liberando tu vida si has sido víctima de este tipo de ataduras de hechicería. Sin embargo, no le haríamos justicia al texto bíblico si no decimos que las mujeres del pasaje no son sacerdotisas satánicas, sino que el texto se está refiriendo a los profetas de Israel, más precisamente a las profetizas del pueblo de Dios. Así que el peligro está presente también en la iglesia. Y quiero llamar tu atención sobre el hecho de que uno de los ámbitos de manipulación más comunes es el de la profecía, tal como el texto señala.

La profecía es un don y un ministerio maravilloso dado por Dios a su iglesia para su edificación. El texto no va en contra de este don, porque Dios manda a Ezequiel a profetizar contra esas profetisas y prácticas, es decir, usa como medio de liberación a un profeta. Mi intención al escribir sobre esto tampoco es ir contra ese ministerio, porque a mí mismo Dios me usa como profeta. Sin embargo, resulta evidente tanto a partir de las Escrituras como en la práctica que el mal uso de la profecía propicia la manipulación religiosa.

INTENCIONALIDAD

El texto habla de manipulación porque la intencionalidad de estas profetizas era el beneficio propio: «Ustedes me han profanado delante de mi pueblo por un puñado de cebada y unas migajas de pan». Es decir, actuaban de esa manera buscando una ganancia material, por dinero.

La Biblia enseña que el pueblo de Dios debe proveer materialmente para sus líderes espirituales. En 1 Corintios 9.14, el apóstol Pablo recuerda una práctica establecida por Jesús y utiliza el verbo *ordenar*: «Así también el Señor ha ordenado que quienes predican el evangelio vivan de este ministerio». Y antes señala: «¿No saben que los que sirven en el templo reciben su alimento del templo, y que los que atienden el altar participan de lo que se ofrece en el altar?» (v. 13).

Así que no solo no estaba mal que aquellas profetizas recibieran sostén material, sino que era algo ordenado por Dios. ¿Cuál era entonces el problema? El problema radicaba en que la motivación de ellas al dar una palabra profética no era declarar lo que Dios quería, sino obtener beneficio material. Declaraban las cosas que la gente quería oír, no lo que Dios deseaba decirle. La fuente de su profecía no era Dios, sino ellas mismas.

Luego de recordarles a los corintios que era una orden de Dios que los que se dedican al evangelio sean sostenidos, Pablo dice algo muy importante y usa una palabra clave: «Pero no me he *aprovechado* de ninguno de estos derechos» (1 Corintios 9.15, énfasis del autor.)

No estaba mal que aquellas mujeres recibieran pan y cebada, el problema es que acomodaban sus profecías para aprovecharse del pueblo. La manipulación en el caso de aquellas mujeres era doble: manipulaban a la gente y manipulaban la Palabra de Dios para favorecerse. No buscaban ni la gloria de Dios, ni la bendición de la gente, sino su propio beneficio. Y las técnicas que usaban son las mismas que se emplean hoy en la manipulación religiosa.

LAS VENDAS MÁGICAS

En primer lugar, se menciona que hacían *objetos de hechicería*. Cosían vendas mágicas para las manos. En lo primero que pensamos es en los trabajos de hechicería que se hacen con cintas y pulseras, los cuales las personas usan para tener suerte, contra la envidia o como protección. En el mundo espiritual estos son indicadores de que la persona que utiliza tales amuletos es alguien que tiene temor a los demás y las circunstancias. Son como pistas de aterrizaje para que los espíritus de temor aterricen y se apropien de sus vidas.

Si sientes que tu vida fue atada en el plano espiritual por el ocultismo, o tal vez percibes que hay algo más allá de lo racional sobre la vida de un hijo u otro familiar, ora ahora con voz audible:

Padre, renuncio en el nombre de Jesús a toda atadura demoníaca con brujos, hechiceros, mentalistas, adivinos, curanderos y toda otra forma de ocultismo. Te pido perdón, Señor, por haber sometido mi vida a la autoridad espiritual de un sacerdote del diablo (menciona el nombre del brujo, hechicero, pai o mentalista). Renuncio a esa autoridad sobre mi vida y me someto únicamente a la autoridad de Jesucristo. Amén.

ALMOHADONES MÁGICOS

Con todo, no nos olvidemos de nuestro propio ámbito evangélico, ya que el texto nos habla de las profetizas del pueblo de Dios. En las iglesias nadie te va a dar una pulsera o una cintita roja para atarte, pero puede usarse la misma técnica.

La palabra objeto o venda es *keseth* en hebreo, que también se traduce como almohadón. Y una de las formas de manipularte es adormeciéndote. No es casualidad que muchas veces la religión haya sido el opio de los pueblos. La intencionalidad de Dios es despertarte, despabilarte para que avances en la vida. Por el contrario, la intención de aquellas manipuladoras era adormecer a sus destinatarios.

Resulta bastante sencillo adormecer a una persona. Por ejemplo, cuando el Señor te dice que tienes que hacer algo y yo te digo: «Confía en Dios, que él lo va a hacer por ti». Y así pasas años esperando que Dios haga lo que tienes que hacer tú debido a que te adormecí con la palabra.

Dime la verdad, ¿hay algo más antipático que un despertador? Sé que muchas veces la enseñanza bíblica es incómoda y que a la gente le gusta más que la adormezcan y le hagan creer que Dios va a hacer lo que ellos tienen que hacer. De modo que se estimula una fe mágica. No una fe en los milagros, sino mágica. El milagro siempre requiere una participación. No tuvo lugar una aparición de los panes y peces, sino la multiplicación de aquellos que alguien dio. El vino no apareció de la nada, sino que resultó de la transformación de los cántaros de agua que alguien sacó con su esfuerzo del pozo.

Sin embargo, en muchas iglesias se estimula una fe mágica, donde no tienes que hacer nada, únicamente esperar. Entonces pasa el tiempo y la gente se siente frustrada, no solo con su necesidad, sino con Dios, que no hizo lo que le dijeron que iba a hacer. La mayoría de los que estimulan esa fe mágica, a diferencia de aquellas profetizas, no son mal intencionados ni lo hacen para sacar provecho de la gente, sino porque ignoran lo que la Palabra enseña.

Por eso la clave eres tú. No puedes sufrir las consecuencias de las malas enseñanzas, por bien intencionadas que sean y disfrazadas de fe que estén, y que se te pasen los años. Tú eres responsable de cómo vives.

En nuestra congregación creemos y oramos en todos los cultos por milagros, y gracias a Dios los vemos ocurrir semana a semana. No obstante, también les enseñamos a las personas qué cambios tienen que hacer, qué acciones tienen que emprender para que las cosas sucedan. Claro que es más agradable y simpático ayudar a desarrollar un pensamiento mágico y que te quiten de encima la responsabilidad, pero si lo hiciera, sería un manipulador. No podría estar tranquilo si me pasara todo el tiempo atando la vida de las personas a almohadones religiosos que las adormezcan.

Hay profecías y enseñanzas que van a atar tus manos para que no hagas las cosas ni actúes. Sin embargo, la fe nunca es pasiva. La fe sin obras es muerta. Así que cada vez que te guíen a una fe que no actúa, te están adormeciendo. Hoy hay mucha gente dormida en las iglesias. Y el único despierto, realizado en sus objetivos o visión, bendecido, prosperado y satisfecho es el líder.

En lo personal, me siento bendecido, prosperado y realizado en mi vocación, por lo cual estoy infinitamente agradecido con Dios, ya que todo eso es el resultado de su gracia y de vivir según sus principios. No obstante, por ese mismo motivo me siento comprometido a contribuir a que la gente que pastoreo viva de igual manera. Y lo mismo deseo para ti. Así que aunque sea un despertador antipático, tengo que recordarte que somos colaboradores de Dios y con Dios, dándote herramientas como este libro para que no manipules ni te dejes manipular. Prefiero ser un despertador antipático que un simpático almohadón que adormezca tu vida y ate tu acción.

Dios es Padre, pero no paternalista. Dios no va a hacer lo que te manda a hacer a ti. Dios no va a operar cambios en tu matrimonio si no estás dispuesto a cambiar tú primero. Deja de orar que Dios cambie a tu cónyuge y empieza a preguntar: «¿Señor, qué tengo que cambiar *yo* para que mi matrimonio cambie?». Cuando haces tu parte, Dios se encarga de obrar milagros en la vida de tu cónyuge.

Deja de orar por milagros económicos si no estás dispuesto a preguntarle a Dios cuáles son los cambios que tienes que hacer en tu forma de pensar, administrar, enfocarte en tu trabajo, esforzarte, consumir. Cuando lo hagas y lleves a cabo esos cambios, Dios hará lo que tú no puedes hacer y experimentarás milagros financieros que te conducirán a salir de la necesidad para vivir en el plano de la abundancia.

Y así con cada cosa en tu vida. Renuncia ahora al pensamiento mágico y sus consecuencias. Rechaza la pasividad espiritual, orando en voz audible:

> Padre, en el nombre de Jesús, renuncio a los almohadones mágicos, renuncio al pensamiento mágico, renuncio a la pasividad. Apoyo mi confianza en ti y determino hacer lo que me corresponde según tu Palabra, sabiendo que lo que no puedo lograr, tú lo harás con tu poder sobrenatural. Decido hacer mi parte y esperar que obres milagros en aquellas cosas que no puedo lograr por mí mismo. En el nombre de Jesús, amén.

LOS VELOS MÁGICOS

Aquellas mujeres también hacían *sortilegios*, encantamientos. Confeccionaban *mispâchâh*, velos «trabajados», para las cabezas de todos. Esto nos recuerda las técnicas que usan los hechiceros trabajando prendas. Los velos en las cabezas también se emplean para poner la mente en blanco y practicar otras técnicas ocultistas de meditación. Si te has involucrado en esas prácticas, debes romper ahora mismo con todo eso.

Consideremos cómo esto se relaciona con el tema de la manipulación. Una de las principales técnicas de manipulación consiste en anular tu capacidad de pensar (velos). El manipulador intenta eliminar el juicio crítico de la persona, distorsionando su capacidad reflexiva.

Permíteme enfatizar la distinción entre desarrollar la capacidad de pensar con juicio crítico y juzgar con actitud crítica. Todos tenemos que desarrollar el pensamiento crítico. Frente a un concepto, analizarlo y cotejarlo con lo que la Biblia dice. Esa capacidad hay que desarrollarla ante los medios de comunicación, los discursos de los políticos y líderes de opinión, la enseñanza de un profesor, y también en la iglesia. La Biblia nos anima a juzgar las profecías y elogia a los creyentes de Berea porque «recibieron el mensaje con toda avidez y todos los días examinaban las Escrituras para ver si era verdad lo que se les anunciaba» (Hechos 17.11).

Eso es pensar con juicio crítico, una cualidad que debemos desarrollar. Lo negativo es juzgar con actitud crítica. En este caso, la cosa no tiene que ver con los conceptos, sino con las personas, y no nos está permitido juzgar a los demás. Tiene que ver con las actitudes, no con los pensamientos. Cuando uno desarrolla la actitud crítica de juzgar a otros, está pecando.

No obstante, sí resulta muy importante desarrollar la capacidad de analizar lo que se recibe según lo que declara la Palabra de Dios. Parte de la tarea de los líderes espirituales es ayudarte a pensar. Si hay algo de lo que el pueblo de Dios carece hoy en día, es de discernimiento espiritual. A veces se piensa que esto es algo muy complicado, pero discernir significa simplemente cotejar enseñanzas, prácticas y comportamientos con la Palabra de Dios, bajo la guía del Espíritu Santo.

Soy consciente de que no solo yo adoctrino a los miembros de la congregación que pastoreo, porque a mí me escuchan una hora por semana, pero tienen la radio evangélica encendida todo el día, ven los canales de televisión cristianos y leen libros de diferentes pastores. Así que no tengo la fantasía de que al único que escuchan es a mí. Y eso es bueno, ya que la gente puede enriquecerse con la perspectiva y la gracia de otros. De modo que celebro esta diversidad y esta posibilidad que hoy todos tenemos.

Mientras les enseño a las personas sobre algún tema, las exhorto a pensar bíblicamente y a que aprendan a basar sus vidas en la Palabra. Entonces, cuando por algún otro medio reciban las enseñanzas de algunos de los excelentes pastores y maestros de la Palabra que hay, podrán aprovecharlo todo y ser enriquecidos. Del mismo modo, cuando reciban alguna enseñanza equivocada o vean un ministerio que consciente o inconscientemente manipula a la gente, también serán capaces de discernirlo y desecharlo.

Un pastor amigo me contaba que otro pastor le prohíbe a su congregación leer los libros de un determinado ministro y ver los programas de televisión donde aparece. No lo podía creer. En primer lugar, porque es una pretensión imposible hoy en día. En segundo, porque esto significa anular la capacidad de las personas de pensar y juzgar a la luz de las Escrituras. Y aunque su intención sea buena al desear proteger a su gente de una enseñanza negativa, tal actitud implica tratar a su congregación como niñitos, lo cual también es una forma de controlar y manipular. No se puede ir contra la manipulación manipulando.

Los «velos» más difíciles de reconocer y romper son los que nos pusieron de pequeños, ya que están interiorizados e incorporados a nuestra manera de pensar y vivir. Constituyen fundamentos para nuestras decisiones y acciones, sin ni siquiera preguntarnos si son ciertos o no. Es por eso que resulta vital el conocimiento de la Palabra de Dios y luego el ejercicio continuo de lo que yo llamo la «sana sospecha». Existe una sospecha enfermiza que nos lleva a desconfiar de todo y de todos. También una sospecha destructiva, que no es otra cosa que la duda y la incredulidad aplicadas a lo que Dios dice y hace. Sin embargo, hay una sospecha sana que tiene lugar cuando analizo mi propia vida y cada cosa que hago, sospechando de mis presupuestos inconscientes y planteándome la pregunta: «¿Esta manera de pensar o actuar, este concepto, esta enseñanza, esta forma de relacionarme, este modo de administrar, esta conducta, este comportamiento, este estilo de hablar y comunicar, coinciden con lo que Dios dice en su Palabra?».

Con el correr del tiempo, uno aprende a pensar no según la formación recibida, o la cultura imperante y sus valores, o lo que otros hacen o dicen, sino conforme al patrón bíblico, según la cosmovisión de Dios. Ora en voz audible:

Padre, en el nombre de Jesús, rompo los velos mágicos de mi vida y renuncio a someterme al control de otra persona. El único que puede controlar mi vida eres tú, Señor. Te pido perdón por haberle otorgado poder a otra persona sobre mi vida y te doy hoy todo el poder y la autoridad a ti. Enséñame a pensar con tu mente, oh Cristo, conforme a tu Palabra. Ahora me vuelvo como un niño, regreso al momento del aprendizaje de todo en mi vida. Creo en tu promesa de que el Espíritu Santo me enseñaría todas las cosas y me guiaría a toda verdad. Enséñame ahora todo de nuevo. Amén.

LA CAZA DE ALMAS

Otra técnica que usaban era *atrapar las vidas*, poner lazos para tener controlada a la gente. La palabra hebrea empleada aquí es *tsûd*, que literalmente significa cazar un animal. Esto lo vemos claramente en toda práctica de hechicería y adivinación, donde la gente queda enganchada de una manera enfermiza al líder, brujo, pai o gurú.

Sin embargo, recordemos una vez más que el pasaje habla de las profetizas del pueblo de Dios, lo cual tiene que ver con una codependencia al líder. El verdadero líder cristiano conduce a la gente a Cristo, no a sí mismo. Por supuesto que como es líder la gente lo sigue, pero hay que ser altamente cuidadoso a fin de que la gente no cree dependencia hacia uno. Juntos, líder y liderados deben crecer en su dependencia de Dios y una interdependencia sana, no enfermiza.

El ámbito religioso es muy propicio para la codependencia enfermiza del líder y el liderado, para que tenga lugar una seducción del líder sobre su gente. De modo que en algunos casos la gente permanece hipnotizada. ¿Cómo es posible que personas inteligentes se dejen maltratar en público, se dejen manipular de forma evidente en una congregación? Porque están hipnóticamente seducidas por su líder. Y para ello no hace falta hacer oscilar ante ellos un reloj ni usar un turbante.

Mi amor por la gente, como líder, no se demuestra seduciéndola, sino enseñándole a vivir como Dios quiere, enseñándole a dejarse seducir solo por Cristo y a amarle y servirle solo a él. Debemos amar a las personas, pero también ser libres de ellas. Y a ti, querido lector, te deseo lo mismo. ¡Sé libre, porque a libertad te ha llamado Dios!

Lamentablemente, hoy vemos mucha entronización del liderazgo. Cuando voy a algunas iglesias a predicar, me asignan un séquito de sirvientes: uno me quita el saco, otro me trae agua mineral, otro me ofrece un sándwich, otro se para en la puerta cuando voy al baño... todos me tratan como si fuera la encarnación de algún semidios. Y está muy bien que cuando viene un pastor de visita lo atendamos y lo honremos, pero como lo que somos: seres humanos y hermanos en Cristo.

Los apóstoles experimentaron la misma situación. Fíjate lo que relatan las Escrituras: «Al llegar Pedro a la casa, Cornelio salió a recibirlo y, postrándose delante de él, le rindió homenaje. Pero Pedro hizo que se levantara, y le dijo: "Ponte de pie, que sólo soy un hombre como tú"» (Hechos 10.25-26).

Del mismo modo, estando Pablo y Bernabé en Iconio, el relato bíblico afirma que tuvieron una experiencia similar: «Al ver lo que Pablo había hecho, la gente comenzó a gritar en el idioma de Licaonia: "¡Los dioses han tomado forma humana y han venido a visitarnos!" A Bernabé lo llamaban Zeus, y a Pablo, Hermes, porque era el que dirigía la palabra. El sacerdote de Zeus, el dios cuyo templo estaba a las afueras de la ciudad, llevó toros y guirnaldas a las puertas y, con toda la multitud, quería ofrecerles sacrificios. Al enterarse de esto los apóstoles Bernabé y Pablo, se rasgaron las vestiduras y se lanzaron por entre la multitud, gritando: "Señores, ¿por qué hacen esto? Nosotros también somos hombres mortales como ustedes. Las buenas nuevas que les anunciamos es que dejen estas cosas sin valor y se vuelvan al Dios viviente, que hizo el cielo, la tierra, el mar y todo lo que hay en ellos"» (Hechos 14.11-15).

La gente puede querer endiosarnos, pero nosotros los líderes no debemos permitirlo. La Biblia habla de honrar, sujetarse y obedecer a los pastores, pero no de crear vínculos de codependencia ni de endiosamientos.

Aquellas mujeres eran profetizas, líderes espirituales del pueblo de Dios, sin embargo, ejercían un poder de seducción sobre la gente que hacía que capturaran el alma (es decir, el aparato psico-emocional-volitivo) de las personas del pueblo de Dios: «Ustedes atrapan a la gente como a pájaros».

Así funciona hoy también el liderazgo manipulador del pueblo de Dios, ejerciendo una especie de seducción, de hipnosis. La gente no analiza lo que se dice, sino sigue «ciegamente» a una persona debido a su carisma, su forma de hablar, su imagen o mecanismos de manipulación masiva conscientes. Estos líderes ejercen tal control que pueden incluso maltratar y humillar desde el frente y públicamente a alguien de manera directa sin que esa persona reaccione. Pueden conseguir que aquellos que le siguen hagan cosas que no harían en otro contexto. Pueden lograr que funcionen según el sistema que ellos imponen, colocando ese sistema, sus actividades y objetivos por encima del matrimonio de ese seguidor, sus hijos y sus metas personales.

Tal vez has sido o estás siendo víctima de un liderazgo de este tipo, pero tienes que renunciar a ese nivel de seguimiento sectario. Como vimos antes, eso es el resultado de un nivel de dependencia del líder que no es el que Dios quiere. Un líder sano es alguien que tiene autoridad espiritual sobre sus seguidores para enseñarles la Palabra y desatar el potencial que tienen en la vida, de modo que sean no solo hijos de Dios, sino siervos del Señor que cumplen un propósito en la tierra, y que así todos funcionen en orden y bajo ciertos criterios dentro del programa eclesial. Él hace esto promoviendo siempre la libertad de las personas, su crecimiento en todas las áreas de la vida, la madurez, el logro de los objetivos personales y familiares, así como la realización de cada uno. ¡Qué maravilloso es estar en sujeción espiritual sana bajo un liderazgo de este tipo!

Sin embargo, cuando el líder ejerce esa autoridad espiritual manipulando a la gente, decidiendo por ella, haciendo que todos trabajen para su visión y que al término de la misma el único realizado y prosperado sea él, mientras el pueblo sigue empobrecido, sin sentido de realización en la vida y sin alcanzar sus objetivos, entonces estamos frente a un liderazgo enfermizo. Y Dios no nos manda a que nos sujetemos a gente enferma y manipuladora, aun cuando no lo hagan mal intencionadamente. La autoridad no se impone, la autoridad se reconoce. Y la reconoces porque esa persona es un ejemplo de integridad, de entrega, de buscar el bien de todos y no solo el propio, proveyéndote herramientas para tu crecimiento integral. Cuando reconoces la autoridad en alguien, no tienes problemas para sujetarte. Por el contrario, cuando un líder no tiene esa autoridad espiritual que lo respalda, necesita recurrir al autoritarismo y la manipulación, ejerciendo control sobre la gente.

El líder sano libera, el enfermo controla. El líder sano promueve, el enfermo estanca. El líder sano abre, el enfermo cierra. El líder sano comparte autoridad y poder, el enfermo los concentra en sí. El líder sano no solo pide que trabajen para su visión, sino trabaja para que las visiones de su gente se cumplan; el enfermo solo pide que todos trabajen para lograr sus objetivos. El líder sano le abre el mundo a su gente para que se desarrollen en todas las áreas de la vida, el enfermo te encierra en el mundo eclesial. Con el líder sano cada vez te sientes más libre y feliz de estar bajo su autoridad, mientras que con el líder enfermo cada vez te sientes más controlado y preso. Por eso a través de Ezequiel el Señor dice: «Rescataré a mi pueblo [...] para que dejen de ser presa en sus manos».

Por desdicha, este tipo de liderazgo enfermizo existe porque hay muchos creyentes que desconocen la Palabra y entregan el poder sobre sus vidas a otras personas y no únicamente a Dios. Por eso, te pido que ores ahora en voz alta:

Padre, renuncio a toda dependencia enfermiza a cualquier persona, en el nombre de Jesús. Renuncio a todo espíritu de seducción, a entregarle la responsabilidad por mi propia vida a otra persona, a ser controlado y manipulado. Te concedo el control de mi vida únicamente a ti, en el nombre de Jesús, amén.

DEPENDENCIA Y AISLAMIENTO

Los manipuladores buscan adormecerte, manteniéndote como un pedigüeño eterno del milagro mágico, que obviamente viene por medio de ese líder. Pretenden llenarte de culpa para que de esta manera no puedas ser libre. Utilizan la adulación promoviendo tu yo para luego «venderte» fantasías mágicas. Harán todo lo posible a fin de decidir por ti, no solo en las cuestiones eclesiales, sino en todo lo relacionado con tus afectos, amistades, el manejo de tu dinero y cada aspecto de tu vida. Intentarán atemorizarte con maldiciones, de manera que por miedo hagas lo que ellos te dicen y no contradigas su sistema. Trabajarán para que desarrolles una dependencia emocional del líder y busques su aprobación. Podrán llenarte de enseñanzas y cursos, pero no te ofrecerán un sólido conocimiento bíblico de modo que creas sus mentiras. Demandarán totalitariamente tu tiempo, aislándote lo más que puedan de amigos y familia, tratando de encerrarte en el mundo religioso. No obstante, la fe tiene que ser el motor de tu vida, no el garaje. Y mucho menos una jaula.

Hay liderazgos espirituales que prohíben el contacto con los creyentes y pastores de otras congregaciones. Enseñanzas eclesiales que aíslan a la gente de su núcleo de seres queridos, amigos y familiares por temor a «contaminarse» con el mundo o debido a una demanda totalitaria del tiempo, lo cual hace que la persona tenga que estar todos los días metida en el templo sin compartir con su familia o amigos.

Renuncia a las palabras proféticas que van en una dirección contraria a la Palabra de Dios. Pueden haber sido bien o mal intencionadas, pero nacieron del corazón del hombre y no de Dios. También rechaza toda codependencia con alguien. Es posible que en tu pasado crearas una dependencia de un líder cristiano. Tal vez ese líder no provocó ese tipo de relación, pero tú sí la desarrollaste. Acuérdate de lo que dice la Palabra: «¡Maldito el hombre que confía en el hombre! ¡Maldito el que se apoya en su propia fuerza y aparta su corazón del SEÑOR!» (Jeremías 17.5). Te invito a que hagas ahora esta oración en voz audible:

> Señor, renuncio a toda dependencia enfermiza de _____ (nombrar a la persona). Renuncio a someterle mi vida y mis decisiones. Te pido perdón por haberlo hecho en el pasado. Renuncio en el nombre de Jesús a aislarme del mundo y la realidad. Declaro que yo no soy del mundo, pero estoy en el mundo y debo ser una luz para él. Te pido perdón porque al aislarme no he podido influenciar a mi familia ni a mis viejos amigos. Por el contrario, los he hecho pensar que seguirte era una maldición para nuestras relaciones, y que la iglesia era una secta que separaba y destruía las amistades y familias. Renuncio a la demanda totalitaria de mi tiempo, a entregarle la exclusividad a cualquier persona, a todo sometimiento enfermizo a cualquier líder. Me sujeto a mis líderes sanamente, conforme al patrón bíblico, no de una forma errada, y de ahora en adelante apoyo mi vida únicamente en ti y tu Palabra. En el nombre de Jesús, amén.

ENGAÑO CULPOSO

Otra práctica de estas mujeres era la *mentira*. Nuestra mente vuela a pensar en el ocultismo, ya que aquellos que ministran en estas prácticas responden al padre de mentiras, a Satanás. No obstante, quiero recordarte que ellas eran profetizas del pueblo de Dios.

La mentira tenía dos formas. La primera era la culpa. Manipulaban a la gente provocando desaliento: «Porque ustedes han descorazonado al justo con sus mentiras, sin que yo lo haya afligido». En el plano religioso, la principal forma de afligir a las personas es por medio del legalismo. Eso hace sentir a la gente menos, y entonces el líder es endiosado.

La enseñanza de la Palabra y su correspondiente obediencia no es legalismo. Nosotros no seguimos un código, seguimos a Cristo por la obra del Espíritu Santo, según la Palabra de Dios. Y cuando denunciamos el pecado, lo hacemos para la liberación de la gente, no para afligirla y culparla. El diablo te acusa, el Espíritu Santo te redarguye de pecado a fin de liberarte.

Otra razón por la que algunos líderes hacen esto es porque la gente que siente culpa vive en dependencia y necesitada de que alguien la absuelva con su ministración. Esto también es una forma de manipulación. Eleva en este momento esta oración:

> Padre, renuncio en el nombre de Jesús a todo legalismo, a toda doctrina no bíblica que me ha sumido en la pasividad, a todo sentimiento de culpa, a todo temor. Y recibo tu gracia que no solo me perdona, sino que me sostiene para vivir en obediencia a tu Palabra. En el nombre de Jesús, amén.

ENTRONIZACIÓN DEL YO

La segunda forma de mentir es permitiendo el libertinaje: «Han alentado al malvado para que no se convierta de su mala conducta y se salve». Creo que una de las peores maneras de engañar a la gente es haciéndole creer que puede vivir como quiere, ya que al final no habrá consecuencias. Sin embargo, toda acción tiene sus efectos.

Este engaño se fundamenta en el enfoque en uno mismo, en hacer de uno mismo el dios de su vida. Así sucedió con el pecado en su origen. La serpiente antigua les hizo creer a Adán y Eva que si hacían lo que querían, serían como Dios. Eso no es otra cosa que la entronización del yo.

Y cuando esta enseñanza la imparte una iglesia evangélica, estamos ante la peor de todas las higueras estériles, ya que se trata de un «antievangelio», exactamente de lo contrario. Y al ser lo contrario, el evangelio pierde su poder, su filo transformador. Así que la gente pasa tiempo en las iglesias, pero sus vidas no cambian. Afirmo que es la peor de las higueras estériles porque la gente va a la higuera del evangelio al ver hojas verdes, pero lamentablemente no encuentra fruto, pues si la entronización del yo es la causa del pecado, no puede traer salvación. De modo que la gente está engañada y no hay satisfacción, no hay plenitud, no hay familias cambiadas, ya que se trata de un cristianismo sin cruz.

Jesús dijo: «Si alguien quiere ser mi discípulo, tiene que negarse a sí mismo» (Mateo 16.24). No obstante, algunos de estos predicadores manipuladores, en lugar de enseñar a negarse a uno mismo, enseñan a afirmar el yo. ¡Se promueve la causa de la desdicha! Y lo peor de todo es que se hace en el nombre de Jesús. De este modo, la gente es vacunada con una pequeña dosis de ese «antievangelio» para que luego, frustrada porque no experimenta cambios verdaderos en su vida, reaccione para siempre en contra del evangelio verdadero. Esta es una de las razones por las que hay tantos que no se congregan. El evangelio no «funciona» para ellos. Sin embargo, no se trata de que el evangelio de Jesucristo no funcione, sino lo que no resulta es el evangelio egocéntrico que recibieron.

Por esta causa la mayoría del pueblo evangélico en el continente vive empobrecido materialmente, muchos con serios conflictos familiares sin resolver, no pocos con problemas éticos que asustan. No obstante, Jesús nos sigue invitando amorosamente: «Si alguien quiere ser mi discípulo, que se niegue a sí mismo, lleve su cruz cada día y me siga» (Lucas 9.23). Ese es el verdadero evangelio. No resulta muy popular, pero es tremendamente poderoso. Se trata de un seguimiento que conduce a la crucifixión diaria de tu yo, pero que te levanta cada día por el poder de la resurrección a un nuevo nivel de vida cada vez más plena. Para que vivas despierto y no adormecido, aprendiendo a pensar, conocer y decidir obedecer la buena, agradable y perfecta voluntad de Dios. Para que lideres y seas liderado sanamente, con autoridad espiritual. Para que disfrutes de la gracia divina y nadie te controle con reglas y culpas. Para que vayas a la higuera y encuentres un fruto abundante. Para que no tengas necesidad de manipular y controlar a nadie. Para que vivas libre de las manipulaciones y los manipuladores. En definitiva, para que disfrutes de la vida abundante que Jesús te prometió.

Tal vez recibiste una enseñanza que combinó algo del evangelio con contenidos de la Nueva Era. Renuncia ahora a ese pseudoevangelio y afirma el señorío de Cristo en tu vida. Ora en voz alta:

Padre, renuncio a enfocar mi vida en mi propio yo, a apoyarme en mí mismo. Declaro que estoy juntamente crucificado con Cristo, y ya no vivo yo, sino vive Cristo en mí. Muero a mí mismo, para que Cristo resucite en mi vida. Amén.

LIBERACIÓN DE LA DESILUSIÓN

Sin lugar a dudas, la religión es un campo altamente propicio para la manipulación. En primer lugar, porque la gente se acerca vulnerable y necesitada. En segundo, porque experimenta la bendición de Dios y eso la hace abrazar la fe sin reparos, sin el entrenamiento para saber que además del mover del Espíritu, en ese campo también se pueden poner de manifiesto poderes espirituales de maldad, la carnalidad de los hombres y la influencia de liderazgos enfermizos.

Es probable que estés leyendo este libro porque hayas sufrido de manipulación. Y si es así, en tu vida debe haber algunas cuestiones que te hacen blanco de los manipuladores. Así que además es posible que hayas sufrido de manipulación religiosa. Mi oración y anhelo es que este material te sirva para sanar tu personalidad a fin de que no seas más víctima de los manipuladores y tengas las herramientas necesarias en el campo espiritual para disfrutar de tu fe sin que nadie te manipule.

Si has sufrido de manipulación religiosa, es muy probable que tengas temor a volver a creer, dejarte liderar, sujetarte sanamente a una autoridad espiritual, servir y ofrendar. Es decir, el diablo no solo logró que sufrieras en el pasado, sino te sacó del flujo de la bendición en el futuro, desatando en ti incredulidad, desconfianza y rebeldía. Ya no puedes impedir tu sufrimiento, porque eso ya ocurrió, pero sí puedes evitar que Satanás logre de nuevo su primer objetivo de permitir que te manipulen, evitando de este modo que consiga su segundo objetivo: que por causa de la desilusión te cierres a creer, liderar y ser liderado, servir, ofrendar, confiar y sujetarte sanamente a tus autoridades espirituales.

La solución no es tirar el agua con los espaguetis, sino colar los espaguetis, tirando el agua y comiéndote la pasta. Cuando reaccionas con incredulidad y te cierras a lo bueno, nuevo y sano de Dios y su iglesia, estás tirando los espaguetis junto con el agua. Sin embargo, lo que Dios quiere es que cada día creas más. Confíes más. Sirvas más. Te sujetes a una autoridad espiritual sana con más alegría. Lideres sanamente a más personas. Te entregues cada vez más, pero ahora contando con herramientas de discernimiento.

En este momento, querido lector, permíteme invitarte a elevar en voz audible esta oración a fin de que puedas salir del estado de desilusión y decepción que te conducen a la incredulidad, la inactividad, a no congregarte y a la rebeldía:

Padre, tú sabes cuánto he sufrido a manos de líderes que me han manipulado (mencionar con nombre y apellido a esos líderes). Los perdono en el nombre de Jesús. Y renuncio a toda desilusión, a toda decepción. Entiendo que hoy estoy desilusionado porque seguí una ilusión, porque desobedecí a tu Palabra, que me dice que no busque mi apoyo vital en el hombre. Renuncio a la desilusión. Renuncio a la rebeldía y me determino a someterme sanamente a líderes sanos. Renuncio a dejar de congregarme y bendigo a tu esposa, la iglesia. Renuncio a la incredulidad y te pido que aumentes mi medida de fe, para creer no cualquier cosa, sino tu Palabra que nunca miente. Me entrego más a ti, tu cuerpo, tus siervos y tu bendición. En el nombre de Jesús, amén.

Ahora, permíteme orar por ti, y tú leerás mi oración en voz alta:

Padre, yo, Carlos Mraida, como ministro tuyo, en el nombre de Jesús, ato al hombre fuerte sobre esta vida, y lo reprendo. Rompo toda ligadura de manipulación sobre esta persona, quiebro los yugos y corto las vendas mágicas con las que la ataron. Quiebro todo yugo de legalismo. Declaro que tu yugo es fácil y ligera tu carga. Rompo toda ligadura de culpa y temor. Deshago toda atadura sexual, espiritual, física y de todo tipo con cada una de esas personas que fueron mencionadas, y declaro libre a esta vida de toda influencia y toda manipulación en el mundo espiritual causada por relaciones ilegales del pasado, en el nombre de Jesús. Deshago los almohadones mágicos que la han sumido en la pasividad espiritual. Echo fuera de su vida todo espíritu que conduzca al pensamiento mágico y le impide no solo actuar, sino también experimentar los milagros maravillosos de Dios. Declaro que ese conjunto de ideas, pensamientos, conceptos, enseñanzas, imágenes, modelos y ejemplos ya no tiene poder sobre esta vida, en el nombre de Jesús. Quiebro los yugos del control, la seducción hipnótica por parte de cualquier líder sobre esta vida. Reprendo todo espíritu de desvalorización que hace que esta persona le haya entregado el poder sobre su vida y el mando de la misma a alguien más, en el nombre de Jesús. Rompo toda atadura emocional, espiritual y mental enfermizas con un ser humano, con un líder. Reprendo y echo fuera todo espíritu de manipulación, magia, brujería, mentalismo, adivinación y ocultismo en todas sus formas. Cancelo la autoridad espiritual de cualquier sacerdote del diablo sobre esta vida, en el nombre de Jesús. Echo fuera los espíritus inmundos que ingresaron por la vía sexual. Reprendo y echo fuera la magia y la pasividad, el espíritu de control, de seducción, toda codependencia con un ser humano, toda desvalorización, toda decepción. Y declaro esta vida libre, en el nombre de Jesús. Desato tu gracia amorosa, perdonadora, sostenedora, fortalecedora sobre esta vida en el nombre de Jesús. Declaro que tu poder se perfecciona en la debilidad, y que tu gracia es más que suficiente para vivir en victoria. En el nombre de Jesús, amén.

TÚ ERES UN RUISEÑOR

Gibran Jalil Gibran escribió: «El ruiseñor se niega a anidar en la jaula para que la esclavitud no sea el destino de su cría». Tú eres un ruiseñor que se niega a hacer su nido en una jaula, que ha determinado nunca más vivir encerrado, víctima de los manipuladores. Primero, por ti mismo. En segundo lugar, porque la esclavitud tiene proyección hacia la siguiente generación. De modo que al romper hoy con las ataduras de la manipulación sobre tu vida y entrenarte en el discernimiento espiritual, no solo estarás evitando definitivamente volver a sufrir a manos de los manipuladores, sino también dejándole una nueva herencia de libertad a tus descendientes.

Hemos hecho estas oraciones de liberación con fe y la certeza de que tienen poder, ya que se basan en lo que Dios dice que es su voluntad y sus promesas para cada uno de nosotros: «Pero yo los liberaré de sus poderes mágicos, y los dejaré volar. Rescataré a mi pueblo de esos sortilegios, para que dejen de ser presa en sus manos. Así sabrán que yo soy el Señor».

En lugar de anidar en la jaula de la manipulación, levanta tus alas y empieza a volar. Fuiste diseñado y ahora liberado por Dios para volar, para extender las alas de tu espíritu y surcar las alturas, extendiéndote hacia los horizontes maravillosos que Dios ha preparado para tu vida. Por favor, no permitas que nadie, nunca más, te encierre. ¡Vuela!

CAPÍTULO 10

AMOR A LO BONZO

«Tu felicidad solo puede describirse en una palabra: Yo».

—NICK

El dios del río, Cefiso, después de violar a la ninfa Liríope, engendró en ella a un joven de espléndida belleza, a quien llamaron Narciso. Así describe Ovidio el nacimiento de este personaje de la mitología griega.

A lo largo de su vida, Narciso va a provocar en hombres y mujeres, mortales y dioses, grandes pasiones, a las cuales no responde por su incapacidad para amar y reconocer al otro. Entre las heridas por su amor sin compromiso estaba Eco. Ella había disgustado a Hera y por eso había sido condenada a repetir las últimas palabras de todo cuanto se le dijera. Eco fue, por tanto, incapaz de hablarle a Narciso de su amor por él, pero un día, mientras él estaba caminando por el bosque, acabó apartándose de sus compañeros. Cuando Narciso preguntó: «¿Hay alguien aquí?», Eco contenta respondió: «Aquí, aquí». Incapaz de verla oculta entre los árboles, él le gritó: «¡Ven!». Después de responder: «Ven, ven», Eco salió de entre los árboles con los brazos abiertos. No obstante, Narciso se negó cruelmente a aceptar su amor, así que Eco, desolada, se ocultó en una cueva y allí se consumió hasta que solo quedó su voz, que repite en la lejanía la última sílaba que se pronuncie.

Al contemplar su efigie en la superficie del agua, Narciso sintió una fascinación por su propia imagen. Subyugado por el bello reflejo de sí mismo que le devolvía el río, se retrajo de toda posible relación amorosa y su cuerpo se fue consumiendo para terminar convertido en la flor narciso, tan hermosa como maloliente.

Un nacimiento traumático. Una discapacidad para entregarse, amar y reconocer al otro. Una dinámica relacional de atraer a la otra persona para luego rechazarla. Una concentración en uno mismo. Un final doloroso para sí y cruel para las víctimas de su atracción histérica. Estas son no solo las características de Narciso, sino también de los manipuladores que a partir de una seducción histérica hieren emocionalmente a sus víctimas.

HISTERIQUEO E HISTERIA

Quiero dedicar este capítulo y el que sigue a lograr que abramos nuestros ojos a una de las formas más dolorosas de manipulación: la afectiva. Esta es una práctica universal, pero la voy a designar por medio de un término que se ha popularizado en Argentina: «Histeriqueo». Y no me estoy refiriendo a la patología llamada *histeria*, no es de eso que quiero hablar, sino del *histeriqueo*.

La palabra *histeria* se deriva del término griego *jistera*, que significa útero, matriz. Su nombre hacía referencia a los desequilibrios emocionales que se daban en las mujeres y se manifestaban físicamente. Sin embargo, lo que los argentinos han popularizado como «histeriqueo» afecta tanto a hombres como a mujeres.

El término histeriqueo es un argentinismo. Es una palabra con la cual se describe la actitud del que vive tratando de seducir sin establecer compromisos afectivos serios. Define a las personas que viven seduciendo a las otras, pero a la hora de establecer una relación seria se retiran. Se trata del comportamiento reflejado en el mito de Narciso, un individuo incapacitado emocionalmente de aceptar un vínculo afectivo. Busca la relación, pero cuando la otra persona le abre los brazos al amor, como un típico histeriqueador se retrae, rechazándola.

Espiritualmente hablando, el histeriqueo es un espíritu de manipulación por medio de la seducción.

HISTERIQUEO Y SEDUCCIÓN

La palabra *seducción* proviene de un vocablo latino que significa «tentar con engaño». El que tiene un espíritu de seducción, en el fondo también tiene un espíritu de engaño, ya que el seductor con sus palabras y actitudes promete cosas que no está dispuesto a dar. Promete, pero no se compromete. Te ilusiona, pero no te da aquello con lo que te hizo ilusionar. El seductor que histeriquea «toca y se va». Afecta la vida del otro y da marcha atrás. Seduce, ilusiona, provoca atracción, pero cuando la otra persona se siente atraída, el seductor se retira, se desentiende. Es alguien que comienza las relaciones y las corta. Las reinicia y las vuelve a interrumpir.

Más adelante vamos a ver que si sufres de este problema, estas no son las únicas ataduras que están presentes en tu vida, sino que hay otros espíritus operando en ti.

Tal vez estés pensando en este momento: «Carlos, yo soy creyente, soy miembro de una iglesia evangélica, me bauticé, hablo en lenguas, lidero, ¿qué estás diciendo? ¿Que tengo más demonios que la protagonista de *El exorcista*?».

Deseo que entiendas algo. Ya sea por este problema o cualquier otro, todos tenemos huecos en nuestra personalidad. A Jesús de Nazaret se le llama en la Biblia el varón perfecto. No solo porque no tenía pecado, sino porque también en el ámbito psicológico y emocional era intachable, el único perfectamente sano. Exceptuando a Jesús de Nazaret, todos tenemos algún agujerito. Unos más grandes, otros más pequeños. Unos más, otros menos. Todos tenemos huecos en nuestra personalidad.

Y sobre la base de esos huecos sin sanar es que opera Satanás. Por eso el apóstol Pablo nos exhorta a no darle cabida al diablo (Efesios 4.27). ¿Por qué? Porque cuando uno le da lugar, él lo toma. Y los huecos en nuestra personalidad que permanecen sin sanar son lugares que el diablo aprovecha, atacando con un espíritu del mismo género que el problema sin resolver que hay en ti.

Jesús dijo: «Esta clase de demonios sólo puede ser expulsada a fuerza de oración» (Marcos 9.29). ¿Qué quiso decir con eso de clase? Analicémoslo con un ejemplo: piensa en alguien que haya experimentado una situación traumática muy fuerte en su vida y que le produjo un gran temor. El temor es una reacción, una emoción. Es la respuesta emocional a una experiencia traumática, pero provoca un hueco en la personalidad. Entonces el diablo aprovecha esa experiencia, esa reacción emocional y el hueco que provocó en la personalidad, como una puerta abierta para su acción. Es como si hicieras un hueco en una pared y alguien viene e introduce algo por él. El diablo ataca esa vida con un espíritu de la misma clase, es decir, un espíritu de temor que ata por el resto de su vida a la persona y la convierte en un ser temeroso, a menos que sea sanada y liberada por el poder de Jesucristo.

Y uno se pregunta: «Pero si ya pasó la experiencia traumática, si no se volvió a repetir, ¿por qué sigue siendo una persona temerosa?». Porque además de la experiencia que provocó el hueco en la «pared», en la personalidad, por ese agujerito el enemigo mandó un espíritu de la misma clase, de temor, que ata la vida de la persona. ¿Quiere esto decir que ahora está endemoniada o poseída al igual que la protagonista de *El exorcista* o algo así? No. Simplemente que a partir de ese hueco en su personalidad, el diablo la está atando. Esto no tiene que ver con la salvación ni con la calidad espiritual como creyente. Es sencillamente un hueco que hay que tapar, un trauma que hay que sanar, una puerta que hay que cerrar para que el enemigo no siga atando.

En una comunidad farisaica haces bien en ocultar tus huecos, pero mi esperanza es que el pueblo de Dios viva cada día más un estilo de vida caracterizado por la transparencia. Todos estamos en vías de sanidad. Voy a ser perfectamente sano el día que el Señor me lleve a su presencia. Mientras tanto, estoy siendo sanado. La iglesia es un hospital, no un lugar donde todos se ponen caretas de cristianos perfectos, obligados a mostrar cuán espirituales son y tratando de disimular los huecos, de maquillar las arrugas, para que nadie crea que uno es carnal. Es un hospital donde oramos unos por otros para ser sanados de forma continua y progresiva.

Si no reconoces tu necesidad de sanidad, el Señor no te podrá sanar. No obstante, si lo haces, van a ocurrir varias cosas: la primera es que asumirás un compromiso nuevo a fin de resolver tu dificultad. Uno de los problemas de la manipulación por la vía de la seducción es la falta de compromiso. «Toco y me voy», pero no me comprometo. Ahora vas a estar asumiendo un nivel de compromiso mayor.

La segunda es que vas a provocar que algunos entiendan ciertas actitudes equivocadas tuyas del pasado. Que otros comprendan que no eres una mala persona, sino alguien necesitado de sanidad.

Y la tercera cosa que va a ocurrir es que, al final del próximo capítulo, vamos a orar y Dios va a sanar tu vida. ¡Gloria a Dios!

VÍCTIMA Y VICTIMARIO

El que histeriquea es visto por lo general como una mala persona, como un desalmado aprovechador. Sin embargo, lo que vamos a entender hoy es que el seductor histeriqueador es una víctima también.

El que histeriquea vive seduciendo, tratando de atraer la atención sobre sí mismo, buscando recibir el reconocimiento de los demás y en especial del sexo opuesto. Y una vez que lo logra, cuando una persona se siente atraída por él o ella, entonces el seductor histeriqueador se retira. Entusiasma con una relación afectiva y cuando la otra persona se involucra emocionalmente, retrocede, ya que lo que buscaba no era una relación seria, sino simplemente provocar atracción, ser reconocido, sentirse deseado. Y la razón para esto es que el histeriqueador le tiene pánico al compromiso.

La otra persona, la que fue histeriqueada, la que se ilusionó, siente que han jugado con su vida y experimenta dolor, terminando muy herida. Así que trata de sanar ese dolor, intenta dejar de sufrir. ¿Y cómo lo hace? De la manera más lógica: alejándose lo más posible del seductor, estableciendo la mayor distancia posible, rechazándolo y evitando cualquier contacto con él. No obstante, cuando esto ocurre, resulta terrible para el seductor, ya que en su historia clínica se registra una raíz de rechazo, y por ese hueco el diablo introdujo un espíritu de rechazo también. Así que cuando el seductor se siente rechazado, como no lo puede soportar, vuelve a seducir, tratando de nuevo de conquistar a su presa. No puede tolerar un no, ya que ese es el origen de su problema, de modo que vuelve a intentarlo.

Si la otra persona se engancha otra vez, entra en una relación enfermiza, porque apenas le muestre interés y le diga que sí, el seductor nuevamente emprenderá su retirada, o manifestará sus dudas, o tratará de enfriar la relación. Y así una y otra vez.

El seductor histeriqueador castiga a la otra persona con este lleva y trae. «Te quiero, pero no te quiero». «Que sí, que no». «No quisiera estar sin ti, pero no puedo vivir contigo». «Daría la vida por ti», y al otro día: «No estoy seguro de lo que siento».

Esto se puede dar en el noviazgo, donde uno de los integrantes de la pareja va y viene, histeriqueando al otro. Puede ocurrir incluso en la iglesia, por medio de miradas en un culto, o en las reuniones del grupo de jóvenes. También puede suceder dentro de un matrimonio o en un sinnúmero de situaciones y relaciones.

Hay una canción muy conocida del popular cantante Ricardo Arjona que describe muy bien la actitud del histeriqueador con su víctima.

> Si me dices que sí, piénsalo dos veces;
> puede que te convenga decirme que no.
> Si me dices que no puede que te equivoques;
> yo me daré a la tarea de que me digas que sí.
> Si me dices que no dejaré de soñar y me volveré un idiota,
> mejor dime que no y dame ese sí como un cuenta gotas.
> Dime que no, pensando en un sí
> y déjame lo otro a mí.[12]

Las chicas mueren por esto, se desviven por esta porquería de relación. Y los varones también se dejan histeriquear por chicas emocionalmente enfermas.

El seductor, sea hombre o mujer, una vez que le dijeron que sí, dice que no. Si le dicen que no, busca el sí y continúa hasta que lastima a la otra persona. Luego busca a otra presa que conquistar y así satisfacer al otro espíritu que ata su vida, el espíritu narcisista.

El seductor es un narcisista. Como vimos en el mito descrito por Ovidio, antes de convertirse en victimario que hace sufrir a otros, primeramente es víctima. Para las personas que se relacionan con el seductor, resulta confuso el hecho de que el histeriqueador seductor muchas veces parece ser una persona muy segura, determinada, firme. Sin embargo, de esta forma solo está enmascarando su carencia real de una sana autoestima. Necesita confirmar su valía mediante la seducción.

En muchos casos este tipo de persona ha tenido padres que no le han brindado afirmación mediante una valorización adecuada, han sido indiferentes, o han tenido una participación poco significativa en sus vidas. Así que crecen con una gran inseguridad que tratan de compensar con una autoconsideración inflada.

El histeriqueador seductor narcisista con frecuencia ha sufrido de una carencia emocional temprana provocada por una mamá emocionalmente fría, poco demostrativa, indiferente o lo que es peor, con una agresividad encubierta hacia su hijo. Debido a esto, los que tienen este perfil de personalidad crecen necesitando continuamente reconocer quiénes son a partir de mirarse en el espejo de los demás. Cuando descubren un aspecto negativo de sí mismos, intentan ocultarlo y desarrollan una imagen artificialmente sobrevalorada. Y aquellos que identifican como personas más destacadas que ellos se convierten en una amenaza para esa imagen creada de manera artificial. Así que empiezan a desarrollar comportamientos manipuladores que en algunos casos llegan hasta la persecución. Esta es la causa, como bien lo identifica Iñaqui Piñuel, del *mobbing* o abuso laboral.

Y así esta persona anda seduciendo y retirándose; incapaz de amar y ser amado sanamente. Como Narciso, llamando: «¡Ven!», y cuando el otro viene con sus brazos abiertos dispuesto a amar, rechazando y lastimando con crueldad al seducido.

Quiero que conozcas a un histeriqueador en la Biblia. Lo vemos actuar en el 2 Samuel 13.1-19:

Pasado algún tiempo, sucedió lo siguiente. Absalón hijo de David tenía una hermana muy bella, que se llamaba Tamar; y Amnón, otro hijo de David, se enamoró de ella. Pero como Tamar era virgen, Amnón se enfermó de angustia al pensar que le sería muy difícil llevar a cabo sus intenciones con su hermana. Sin embargo, Amnón tenía un amigo muy astuto, que se llamaba Jonadab, y que era hijo de Simá y sobrino de David. Jonadab le preguntó a Amnón:

—¿Cómo es que tú, todo un príncipe, te ves cada día peor? ¿Por qué no me cuentas lo que te pasa?

—Es que estoy muy enamorado de mi hermana Tamar —respondió Amnón.

Jonadab le sugirió:

—Acuéstate y finge que estás enfermo. Cuando tu padre vaya a verte, dile: «Por favor, que venga mi hermana Tamar a darme de comer. Quisiera verla preparar la comida aquí mismo, y que ella me la sirva».

Así que Amnón se acostó y fingió estar enfermo. Y cuando el rey fue a verlo, Amnón le dijo:

—Por favor, que venga mi hermana Tamar a prepararme aquí mismo dos tortas, y que me las sirva.

David envió un mensajero a la casa de Tamar, para que le diera este recado: «Ve a casa de tu hermano Amnón, y prepárale la comida.» Tamar fue a casa de su hermano Amnón y lo encontró acostado. Tomó harina, la amasó, preparó las tortas allí mismo, y las coció. Luego tomó la sartén para servirle, pero Amnón se negó a comer y ordenó:

—¡Fuera de aquí todos! ¡No quiero ver a nadie!

Una vez que todos salieron, Amnón le dijo a Tamar:

—Trae la comida a mi habitación, y dame de comer tú misma.

Ella tomó las tortas que había preparado y se las llevó a su hermano Amnón a la habitación, pero cuando se le acercó para darle de comer, él la agarró por la fuerza y le dijo:

—¡Ven, hermanita; acuéstate conmigo!

Pero ella exclamó:

—¡No, hermano mío! No me humilles, que esto no se hace en Israel. ¡No cometas esta infamia! ¿A dónde iría yo con mi vergüenza? ¿Y qué sería de ti? ¡Serías visto en Israel como un depravado! Yo te ruego que hables con el rey; con toda seguridad, no se opondrá a que yo sea tu esposa.

Pero Amnón no le hizo caso sino que, aprovechándose de su fuerza, se acostó con ella y la violó. Pero el odio que sintió por ella después de violarla fue mayor que el amor que antes le había tenido. Así que le dijo:

—¡Levántate y vete!

—¡No me eches de aquí! —replicó ella—. Después de lo que has hecho conmigo, ¡echarme de aquí sería una maldad aun más terrible!

Pero él no le hizo caso, sino que llamó a su criado y le ordenó:

—¡Echa de aquí a esta mujer! Y luego que la hayas echado, cierra bien la puerta.

Así que el criado la echó de la casa, y luego cerró bien la puerta.

Tamar llevaba puesta una túnica especial de mangas largas, pues así se vestían las princesas solteras. Al salir, se echó ceniza en la cabeza, se rasgó la túnica y, llevándose las manos a la cabeza, se fue por el camino llorando a gritos.

DESVALORIZACIÓN

Ya seas hombre o mujer, resulta fundamental que tú (que has sido víctima de una persona seductora, que sufriste heridas, que sentiste atracción y luego te rechazaron, que como Tamar, luego del desprecio te sentiste una basura) entiendas algo. Lo primero con lo que el diablo te ataca es con un espíritu de desvalorización. Él te dice: «Te dejó porque eres fea». «Te dejó y la culpa es tuya. Eras muy absorbente».

Las mentiras del diablo tienen siempre una porción de verdad en la que él se apoya. Si por ejemplo, en alguna circunstancia fuiste un poco absorbente, él usa eso y te dice: «Eres una pesada». «Ella te dejó porque no tienes futuro en la vida. Por eso, se buscó a otro». «Te dejó porque eres poco atractivo». «No sirves para nada, por eso te abandonaron». Y un montón de cosas por el estilo. En lugar de entender que te juntaste con un seductor histérico, el diablo te hace creer que eres fea, o que eres un tonto, o que la otra persona que el seductor está conquistando ahora es más linda que tú, o que el otro es mucho más exitoso. De modo que un espíritu de desprecio, de rechazo hacia ti mismo, comienza a atacarte.

Por eso es importante que entiendas esta verdad. El problema no estaba en Tamar, sino en Amnón. Ella no era fea ni estúpida. Las Escrituras dicen que Amnón se sintió atraído por Tamar, quien siguió siendo atractiva antes, durante y después de la violación histérica de Amnón. No se trata de que de golpe te hayas vuelto fea y por eso te abandonaron. No es que de repente te volvieras tonto y por eso te dejaron. ¿Te das cuenta? El diablo te está atacando con espíritus de engaño, desvalorización y autodesprecio.

ATRACCIÓN ENFERMIZA

El tipo de atracción que experimenta y provoca el seductor es enfermiza. El pasaje afirma que Amnón se enfermó debido a la atracción que sintió por Tamar.

Por eso, querida lectora, cuando veas a un seductor que histeriquea, tienes que saber que está enfermo en esa área de su vida. No te involucres con él hasta que sea sano, de lo contrario vas a terminar como Tamar, con ceniza en la cabeza y mucho, pero mucho dolor en tu corazón. Lo mismo para ti, querido lector.

Acabarás sintiéndote menos varón, menos digno, menos atractivo y despreciado.

CONQUISTA

El seductor se siente atraído por la dificultad. Su objetivo no es amar, sino conquistar. Y a todo conquistador lo motiva la dificultad de la conquista. El seductor es un cazador.

Mientras más difícil sea la caza, más se activa la adrenalina y más atractiva resulta la conquista. El pasaje señala que lo que le atraía a Amnón era la dificultad de que Tamar era virgen y le sería muy difícil hacerle cosa alguna. El hecho de que no seas una chica fácil es un cebo para el seductor. Eres un trofeo de caza difícil que lo moviliza como a un cazador.

En cuanto a ti, varón, sucede lo mismo. Recuerda la historia de José. La mujer de Potifar, el oficial egipcio, se sintió atraída por un hombre santo. Al seductor histérico lo que le atrae es la dificultad de la conquista. No le interesas tú. Le interesa lograr tu sí, que accedas a sus deseos.

ENGAÑO

Amnón se acostó y fingió estar enfermo. El seductor finge. No se muestra tal como es: una persona necesitada de amor y valoración, tan necesitada que precisa que permanentemente lo deseen, sino se presenta como un ganador, un tipo fuerte. Y además, se va mimetizando. Exhibe lo que es atractivo para el otro. Utiliza estrategias de conquista diferentes, pues está atado por un espíritu de engaño que lo engaña y lo hace engañar.

Sin embargo, el tal «ganador» no es más que un necesitado. ¡Ahora bien, cuidado! No digo esto para inspirar un amor maternal en ti y que te vuelvas a enganchar, pensando: *pobrecito, ahora que sé que está necesitado, lo quiero más.* Te lo digo para que te des cuenta de que el que actúa de esta manera no es un superhombre y tú la pobrecita que te preguntas: «¿Cómo es posible que se haya fijado en mí?». Ni la mujer histérica es la reina y tú el pobrecito que piensas que no la mereces. Tampoco lo digo para despreciar a esa persona, sino para que te des cuenta de la verdad y te relaciones sanamente.

COERCIÓN

El seductor conquista por la fuerza. No hace falta que viole como Amnón, pero sus estrategias de conquista son formas de forzar. Sus acciones y palabras apuntan a doblegar la voluntad del otro mediante la manipulación. Acuérdate que es un cazador, así que va a usar señuelos y trampas. Conoce el punto débil de su presa, y allí atacará.

RETIRADA

Una vez que el seductor logra su conquista, se aburre y aborrece su trofeo. Mata al ciervo, pero lo deja tirado. Se retira cuando la otra persona se ha creado la fantasía de tener una relación. Su objetivo no es amar, sino ser deseado. Como dice la canción de Arjona, «que le digan que sí, y entonces él dice que no». Para el cazador, la presa resulta atractiva mientras huye. Cuando ya ha sido atrapada, pierde su atractivo.

VICTIMARIO

El seductor histérico deja un tendal de víctimas. Va dejando personas heridas en su camino. Tamar quedó afectada en todo. En su cuerpo, su espíritu y su alma. Quedó afectada en su dignidad, su honra, espiritual y emocionalmente. Nunca más fue la misma. Alguien me envió un correo electrónico con una frase por medio de la cual una persona se identifica a sí misma en su blog: «Seducida y abandonada. Soy aquella que perdió eso que nunca tuvo... y si sangro, sangro sabiendo que a ti no te importa...». ¡Ay, qué triste!

AMOR IMPOSIBLE

Esta dinámica produce una relación afectiva tipo «amor imposible». Una parte se deshace por complacer a su pareja, mientras que la otra se deja querer. Sin embargo, esta última parte se cansa y desaparece, y la otra se hunde en el dolor, la desazón y la angustia. Hasta que el otro reaparece y la persona herida, que cree que no es capaz de encontrar a alguien mejor, vuelve a aceptarlo para otra vez recomenzar el círculo vicioso. Hay una especie de espiral destructivo en la conducta de ambas partes, lo cual está muy lejos de ser amor verdadero.

Los bonzos son monjes budistas. Uno de ellos, Thic Quand Duc, dio origen a la expresión «quemarse a lo bonzo» cuando eligió ese acto de inmolación suicida a fin de protestar contra la administración de su país. Él no gritó ni se quejó al afrontar la muerte. Joan Carreras asemeja esta autoinmolación a la que se provocan a sí mismas las personas que se enredan en una relación de supuesto amor, llamándola «amar a lo bonzo».

Dios no quiere que vivas un amor a lo bonzo. No es sano que creas que amar es sinónimo de sufrir. ¿Te preguntaste por qué permites que te manipulen y te hagan sufrir una y otra vez?

Dios tampoco quiere que «incendies» a las personas con las que te relacionas afectivamente. ¿Te preguntaste por qué muestras tal insensibilidad frente al dolor de los demás?

En ambos casos, no debemos engañarnos diciendo que es la otra persona la que tiene problemas. «Sufro porque me tocó un manipulador». «El otro sufre porque está enfermo». Si somos capaces de sincerarnos y exponemos nuestras relaciones al examen amoroso de Dios, veremos que el problema está en uno y tenemos posibilidades de ser sanados.

No hace falta que sigas viviendo amores a lo bonzo. No necesitas inmolarte. Ya lo hizo Jesucristo, no prendiéndose fuego inútilmente, sino muriendo en la cruz para que tú puedas amar y ser amado sanamente. No hagas inútil su sacrificio. Aprópiate de él. Ya no vivas amores imposibles cuando el amor supremo está disponible para ti.

CAPÍTULO 11

NO TE TIRES AL MAR

> «La satisfacción en el amor individual no puede lograrse sin la capacidad de amar al prójimo, sin humildad, coraje, fe, disciplina [...] En una cultura en la cual estas cualidades son raras, también ha de ser rara la capacidad de amar».
>
> —ERICH FROMM

La roca de Léucade, ubicada en la isla griega del mismo nombre, es famosa porque desde allí se arrojaban al mar los enamorados no correspondidos. Su nombre deriva de la palabra griega *leukós*, que significa blanco, el cual le fue dado debido a los acantilados de tiza blanca que se encuentran al sur de la isla.

Esta práctica de que las personas que amaban a alguien que no les correspondía con el mismo amor se tiraran al mar se derivó de la mitología griega. La gente acudía a Léucade desde todas las regiones y llevaba a cabo una preparación ritual antes de dar el salto, la cual incluía la realización de sacrificios y la entrega de ofrendas. Las personas se consagraban religiosamente a Apolo, confiando en que con su ayuda sobrevivirían al peligroso salto y por medio de ese ritual dejarían definitivamente atrás el dolor y las tristezas del desamor, siendo consoladas y fortalecidas.

No se sabe quién fue la primera persona que tomó en serio el mito, pero los relatos indican que ninguna mujer pudo sobrevivir al salto, entre ellas la más célebre poetisa de la antigua Grecia, Safo, que enamorada del joven Faón y viéndose una y otra vez rechazada por él, acudió a esa roca y se arrojó al mar, desapareciendo para siempre en las aguas. Solo algunos hombres continuaron con vida luego del salto.

Obviamente, esto produjo que cada vez menos personas lo intentaran. Así que viendo los sacerdotes de la isla que el ritual era cada vez menos observado, pensaron en una manera de hacerlo menos peligroso. Ellos tendieron una red al pie de la roca, de forma tal que cuando los amantes no correspondidos se tiraran, no se causaran daño en la caída. Luego los recogían, subiéndolos a una barca, y los asistían.

No obstante, la gente siguió pensando que esos resguardos no eran suficientes, de modo que cambiaron el salto mortal por arrojar desde lo más alto del peñasco un cofre lleno de plata, que por supuesto los sacerdotes se encargaban de que no se perdiera.

Obviamente, estas prácticas ya no forman parte de nuestro tiempo. Sin embargo, sigue habiendo personas que se quitan la vida por causa de amores no correspondidos, y muchísimas más que, sin llegar al suicidio, sufren heridas que hacen que sus vidas nunca más sean las mismas a causa de individuos que provocaron en ellas una fuerte atracción, las sedujeron y luego las abandonaron.

Si eres una persona que has sufrido del histeriqueo manipulador, no te subas a la roca de Léucade y te tires al mar. No sigas haciéndote daño. No permitas que esa relación histérica ni ese manipulador o manipuladora te sigan arruinando la vida. Por el contrario, descubre por qué has permitido eso y experimenta la sanidad de Dios.

Y si puedes identificarte a ti mismo como alguien que tiende a manipular seduciendo e histeriqueando a los demás, toma conciencia del daño que puedes hacerles a otros. Toma conciencia de tu propia problemática y experimenta también la sanidad de Dios.

A fin de lograrlo, consideremos qué es lo que llamo un espiral destructivo.

EL ESPIRAL DEL HISTERIQUEO EN EL SEDUCTOR

El seductor histeriqueador es así no porque sea malo. Más bien se trata de alguien que ha experimentado rechazo. En su libro *Amor líquido*, Zygmunt Bauman describe la vida afectiva de nuestra cultura hoy. Relaciones personales líquidas, momentáneas, diluidas, licuadas. Por eso hay tantas personas heridas producto del histeriquero. Dios desea que vivamos vidas sólidas que experimenten un amor firme. No obstante, dándole la espalda a lo que Dios quiere, nos lastimamos unos a otros.

Bauman señala que el ser humano hoy en día vive desesperado por relacionarse, y al mismo tiempo desconfiando en todo momento de asumir un compromiso perdurable en sus relaciones amorosas. Así que está completamente dividido y angustiado, porque lo que más desea es aquello a lo que más le huye.

De modo que nos encontramos en una encrucijada. Sabemos que para que una relación afectiva funcione y nos proporcione plenitud implica necesariamente compromiso, pero al mismo tiempo, por temor, evitamos el compromiso y marcamos una distancia.

Solo la palabra relación, la simple idea de establecer un vínculo, resulta de por sí una amenaza. Por eso hay tanta gente sola. Y debido a que hasta la palabra relación asusta, hoy ya ha sido reemplazada por el término conexión, es decir, algo liviano, tan fácil de conectarse como de desconectarse. Al igual que en la red, uno puede estar conectado por un tiempo y tiene la libertad para navegar y luego desconectarse. Sin embargo, como bien dice Bauman, las conexiones no brindan plenitud, como lo hace una relación satisfactoria. Las conexiones son relaciones, pero relaciones virtuales. De fácil acceso y de fácil salida. Uno siempre puede oprimir la tecla de borrar (delete).

Lo grave es que la persona que establece estas relaciones líquidas, estas conexiones sin compromiso, cree que la solución es desconectarse y buscar una nueva conexión, de la cual al cabo de un tiempo se vuelve a desconectar. Y ante cada desconexión, cree engañosamente que su teoría de que no vale la pena establecer una relación comprometida se comprueba, lo que lo empuja a una nueva conexión, cada vez más líquida, cada vez más descomprometida y, por ende, cada vez menos satisfactoria.

Comprometerse en serio. Ceder para que la otra persona se sienta bien. Cambiar las cosas para que la pareja funcione. Luchar juntos frente a situaciones difíciles. Pensar en el otro. Perdonar. Todas estas son cosas que hoy en día resultan pesadísimas, cargas insoportables, deberes agotadores. Es mejor desconectarse. Sin embargo, el resultado es que cada conexión y desconexión aumentan el vacío, el desencanto y la angustia.

Efectivamente, este es el tiempo de las relaciones sin compromiso. Así que todos juegan a la seducción. Giles Lipovetsky, un pensador francés, afirma que vivimos en la era de la seducción. En todos los campos todos buscan seducirte: los políticos, los comerciantes, la publicidad, las mujeres en el ámbito laboral que tienen que cautivar para conseguir trabajo. Vivimos en la era de la seducción.

Esto resulta evidente para el mundo, pero como todos saben que esa es la regla, todos forman parte del juego. Todos saben que tienen que seducir y que serán seducidos.

No obstante, como sabemos (espero que sí lo sepamos), lo que Dios quiere en la iglesia no es eso, así que los seductores se hacen más peligrosos y sus víctimas se multiplican, pues no se espera que un hijo o una hija de Dios tengan un comportamiento semejante. Por lo tanto, todos están más vulnerables.

No es preciso llegar a algo grave. Puede tratarse de esa miradita constante que provoca que la otra persona diga: «¿Cuándo se decidirá este chico?», o «Esta chica me hace insinuaciones y después me da la espalda», o «Hoy parece que está conmigo y mañana no me saluda, y al día siguiente otra vez el mismo juego».

Entonces, cuando nos encontramos con este seductor en las iglesias, creemos que es una mala persona, sobre todo si es un varón. Las mujeres vienen llorando y heridas. Y el muchacho que es víctima de esto también está lastimado, pero como le han dicho que los hombres no lloran, el dolor va por dentro. Siente que es el peor de todos, que nadie lo quiere, que no es atractivo, que se va a quedar solo, aunque no lo manifiesta de forma tan evidente como una mujer.

No obstante, aunque pensemos que esa persona que seduce y luego se retira es alguien malo, debemos darnos cuenta de que el seductor también es una víctima, a pesar de que vaya dejando más víctimas a su paso. Debemos reconocer que es alguien que está atado, y que a menos que se sane, va a ser una persona pobre e infeliz el resto de su vida.

¡Sí! Tú que crees que eres un ganador, tú que piensas que eres la reina, vas a ser una persona pobre e infeliz durante toda tu vida a menos que busques la sanidad, ya que vas a estar incapacitado para experimentar lo más importante que hay en la vida, que es amar y ser amado sanamente. Y alternarás los roles. A veces serás una víctima y otras veces el victimario. Presa y cazador.

La Biblia dice que uno cosecha lo que siembra. Y estoy seguro de que has visto a esos tipos «ganadores», esos que «no dejan títere sin cabeza», terminar después casados con una chica fea que los tiene zumbando. Y a esa reina terminar con un tipo que le hace la vida imposible, que la histeriquea como ella vivió histeriqueando. Esto sucede porque a la larga, el histeriqueador siempre termina histeriqueado por otro.

De modo que necesitamos la sanidad. El histeriqueador actúa así porque ha experimentado rechazo, desvalorización y carencia de un amor adecuado. A veces ha tenido unos padres demasiado exigentes, que ofrecen un amor condicionado, en función de lo que sus hijos hagan o logren. Las personas que han tenido esta carencia asumen al menos dos posturas principales. La primera define a aquellos que se disminuyen, que muestran una personalidad tímida, opacada.

Por otra parte, hay algunos que reaccionan al revés. Empiezan a desesperarse ante su carencia y deciden buscar lo que les falta. Esto sucede a nivel inconsciente. La persona busca ser amada, valorizada, deseada, y lo hace seduciendo. Cuando es deseada, se siente bien, pero en lugar de persistir en esa relación, tiene miedo de ser rechazada, de perder la aceptación lograda, de manera que antes de que la rechacen, se retira, da un paso atrás. Ya logró por lo menos por un instante lo que buscaba: sentirse deseada. Y entonces se retira.

Y cuando la víctima se siente herida y rechaza al seductor debido al dolor que le ha provocado, entonces el seductor vuelve a la carga, ya que no soporta que lo rechacen. Necesita tu sí. Y una vez que le dices que sí, lo embarga otra vez el temor y dice que no. El seductor puede decir que no, pero nunca permite que los demás se lo digan.

Existe un espiral satánico que afecta al seductor. Todo comienza con un rechazo, por eso se trata de una víctima, no es mala persona, está enfermo.

Este espiral se manifiesta así: el rechazo le produce desvalorización. La desvalorización lo hace sentir inferior, entonces desarrolla un espíritu narcisista. Como no se siente valorizado por los demás, tiene que estar levantándose a sí mismo y enfocándose solo en él. Al narcisismo le sigue un espíritu de engaño que lo engaña y hace que engañe. Después sigue la manipulación mediante el espíritu de seducción, que siempre implica engaño. Y luego viene el temor, principalmente al rechazo y el compromiso.

¡Si te identificas con esta descripción, te felicito! Ese es el primer paso. Poder reconocer lo que nos sucede y tener temor de Dios para no seguir igual, hiriendo a otras personas. Luego, debemos buscar ser sanados de todas esas heridas que conforman el espiral del seductor que histeriquea: rechazo, desvalorización, inferioridad, narcisismo, engaño, manipulación, seducción y temor.

UNA ELECCIÓN QUE HACER

Eres parte de un mundo enfermo. Saber que no eres el único con problemas te permite superar la negación, dejar de ocultar y enfrentar el asunto, pero no te excusa de tus acciones, porque eres responsable delante de Dios de no lastimar a nadie más ni de lastimarte tú mismo. El diablo te ha acorralado en un callejón sin salida: por un lado estás desesperado por amar y ser amado sanamente, por el otro, y al mismo tiempo, te encuentras incapacitado para hacerlo.

Lo que más anhelas es a lo que más le huyes, porque es a lo que más le temes.

De modo que te enfrentas a esta disyuntiva: optas por el amor, te sanas del histeriqueo y te comprometes en tus relaciones, o por el contrario optas por el temor y evades todo compromiso, sabiendo que jamás experimentarás el auténtico amor. ¿Qué será más fuerte en ti? El amor o el temor.

Las Escrituras declaran: «El amor perfecto echa fuera el temor. El que teme espera el castigo, así que no ha sido perfeccionado en el amor. Nosotros amamos a Dios porque él nos amó primero» (1 Juan 4.18-19). Hemos sido creados con la capacidad de amar, sin embargo, si queremos desarrollar esa capacidad a fin de amar y sentirnos amados sanamente, primero tenemos que experimentar el amor de Dios y responder dándole también nuestro amor.

No es suficiente conectarnos con Dios solo cuando lo necesitamos y luego desconectarnos. Jesús vino al mundo para relacionarnos con un Dios de amor, que quiere llenarnos de felicidad, dicha y plenitud. Él murió para vencer definitivamente el temor que nos aleja de Dios. Ese temor a perder nuestra libertad, ese temor que nos engaña con una supuesta emancipación, haciéndonos libres de la patria potestad de Dios, de modo que vivimos el resto de nuestra vida anhelando tener un papá, huérfanos de amor, faltos de seguridad, carentes de estima y valía.

Cuando le entregamos nuestra vida a Jesús, él nos relaciona de manera definitiva con el Padre que nos ama y nos hace felices. Cristo dio la vida por cada uno, a fin de que seamos felices. Cada persona tiene la posibilidad de hacer un pacto con él y conocer el verdadero amor. No obstante, «entregarle nuestra vida a él» significa dársela de verdad, porque solo puede ser sanado aquello que le entregamos.

EL ESPIRAL DEL HISTERIQUEO EN LA VÍCTIMA DEL SEDUCTOR

Cuando hay una relación de dos que es enfermiza, todos sabemos que el problema es de ambas partes. Se buscan, se complementan.

Para que haya un seductor histeriqueador, tiene que encontrarse con una personalidad que también tiene huecos que sanar, los cuales le vienen como anillo al dedo al seductor.

Si eres víctima o lo fuiste, presta atención, porque lo peor que te puede suceder es que pienses que lo que ocurrió es únicamente responsabilidad del que te lastimó, que la causa para tanto sufrimiento se debe a que la otra persona es mala o un aprovechador. Es cierto que la otra persona es una manipuladora y sus comportamientos no solo son enfermizos, sino dañinos, y por ende éticamente malos. También es cierto que resulta responsable de buena parte de tu sufrimiento. Sin embargo, esa no es toda la verdad. Tan cierto como eso es el hecho de que te dejaste manipular, le diste poder sobre tu vida a esa persona, y que hay agujeritos en ti que permitieron que tuvieras una relación enfermiza y destructiva. Tú también eres responsable. Debes reconocer tu parte de responsabilidad para que no vuelva a sucederte. Al hacerlo, estarás dando el primer paso hacia tu sanidad.

Las víctimas del seductor histeriqueador también sufren del espiral satánico del histeriqueo. Y la primera vueltita del espiral es el desamor. Si la víctima es una mujer, resulta muy probable que haya tenido un papá que le ofrecía amor también histéricamente, de una forma condicional. «Te amo si haces esto o aquello». «Te amo si alcanzas tal o cual logro». «Te amo si respondes a mis expectativas». El amor condicional no es verdadero amor al otro, sino amor a uno mismo. Se trata de un verdadero desamor.

Al desamor le sigue el abandono, ya sea físico o el de un padre ausente. Y esa raíz de abandono provoca nuevos abandonos en la vida.

Cuando la víctima del seductor resulta seducida, es atada al engaño. Y en el momento en que el seductor abandona a su víctima, viene el ataque satánico: «Fue por tu culpa». «Eres fea». «Eres un desastre». «Eres un tonto». «Te dejó por otro porque no vales».

El espiral continúa con el autorrechazo. Y luego el diablo le agrega una vueltita más: el odio. Un odio furibundo hacia el seductor que los engañó, pero también hacia sí mismos: «¿Por qué fui tan estúpida como para caer en las manos de este tipo?». «¿Cómo no me di cuenta de que esta mujer era así?».

Entonces surge el temor a repetir la historia, de modo que la persona se encierra como una tortuga en su corazón para no sufrir. Y más tarde se presentan los espíritus de la depresión y la autodestrucción.

Tal vez fuiste una víctima y el odio te consume. Dime la verdad: matarías si pudieras a tu victimario, ¿no? ¡Te ha hecho sufrir demasiado!

En la mitología mapuche, el sol se llama Antú y la luna, Kuyén. Kuyén, la luna, seduce al sol. Sin embargo, huye de él siempre, por eso es que uno aparece de día y la otra de noche. Antú sufre eternamente este juego enfermizo de parte de la luna, hasta que un día lleno de odio, mientras la luna dormía, llega a alcanzarla y la golpea para vengarse de estos juegos de seducción y fuga, dejándole como marcas esas manchas que todos podemos ver en la luna.

¿Acaso no te dan ganas de agarrar a Kuyén y dejarle algunas marquitas debido a que ella también te las dejó a ti? En lugar de eso, tienes que ser sanado. Tanto el seductor como su víctima necesitan sanidad, pues ambos han experimentado rechazo y sufrimiento. En esta batalla no hay ganadores, todos pierden.

LA SANIDAD

Permíteme decirte que Jesús vino para deshacer las obras del diablo y sanar a los quebrantados de corazón. Sin embargo, solo puede sanar lo que nosotros reconocemos y le entregamos. Los Evangelios cuentan que en cierta ocasión Jesús le pregunta a un hombre ciego: «¿Qué quieres que haga por ti?» (Lucas 18.41). Imagínate si el ciego le hubiera dicho: «Yo estoy perfecto, todo está superado». No habría tenido lugar la sanidad. Sin embargo, el invidente le dijo: «Quiero que me sanes». Justo entonces Jesús lo pudo sanar.

Hoy Jesús te hace la misma pregunta a ti, que eres un seductor: *¿qué quieres que haga por ti?* Dile: «Debido al rechazo que sufrí, tengo una necesidad permanente de ser deseado, de recibir aprobación, de conquistar. Necesito ser sanado, ya que me estoy engañando. Lo que yo verdaderamente quiero es experimentar amor, no juegos de sí y no, seducción y fuga.

Hoy Jesús te hace la misma pregunta: *¿qué quieres que haga por ti?* Y si has sido víctima de esta seducción histérica, dile: «Señor, sáname del rechazo, porque antes de que el seductor jugara conmigo y me rechazara, yo ya tenía la llaga del rechazo en mí. Por eso me involucré en esa relación enfermiza y necesito que me sanes».

Si eres un seductor, necesitas sanidad. Si eres un seductor, no eres un ganador, sino un perdedor. Te estás perdiendo lo más hermoso de la vida, que es amar y ser amado. No te engañes. Sigues sin conocer el amor. No eres una mala persona, sino alguien que simplemente necesita que Jesús lo sane. Ahora eres un perdedor, pero Jesús te ha hecho más que vencedor. Aprópiate de su sanidad y alcanza el triunfo de amar sanamente.

Si eres una víctima, necesitas ser sanado de la herida del seductor, pero en especial de las anteriores, ya que el seductor simplemente abrió las heridas que estaban sin sanar. Así que en lugar de cerrarte a una nueva relación, renuncia a involucrarte en una relación enfermiza.

Hay una historia que describe lo que debe ser tu determinación.

Había una vez una bella princesa que buscaba un hombre para casarse. Así que todos los posibles pretendientes desfilaron ante ella y se presentaron con sus ofertas de dotes.

Entre los candidatos se encontraba un joven plebeyo que no tenía más riquezas que su amor y perseverancia. Cuando le llegó el momento de hablar, él dijo: «Princesa, te he amado toda mi vida. Como soy un hombre pobre y no tengo tesoros para darte, te ofrezco mi sacrificio como prueba de amor. Estaré cien días sentado bajo tu ventana, sin más alimentos que la lluvia y sin más ropas que las que llevo puestas. Esa es mi dote».

La princesa, conmovida por semejante gesto de amor, decidió

aceptar: «Tendrás tu oportunidad. Si pasas la prueba, te casarás conmigo».

Así pasaron las horas y los días. Y el pretendiente permaneció sentado, soportando los vientos, la nieve y las noches heladas. Sin pestañear, con la vista fija en el balcón de su amada, el valiente vasallo se mantuvo firme en su empeño, sin desfallecer un momento.

De vez en cuando la cortina de la ventana real dejaba traslucir la esbelta figura de la princesa, la cual, con un noble gesto y una sonrisa, aprobaba el esfuerzo. Todo iba a las mil maravillas. Incluso algunos optimistas habían comenzado a planear la fiesta de bodas.

Al llegar el día noventa y nueve, los pobladores de la zona salieron a animar al próximo monarca. Todo era alegría y jolgorio, hasta que de pronto, cuando faltaba una hora para cumplirse el plazo, ante la mirada atónita de los asistentes y la perplejidad de la infanta, el joven se levantó y sin dar explicación alguna se alejó lentamente del lugar.

Unas semanas después, mientras deambulaba por un solitario camino, un niño de la comarca lo alcanzó y le preguntó intrigado: «¿Qué fue lo que te ocurrió? ¡Estabas a un paso de lograr la meta! ¿Por qué perdiste esa oportunidad? ¿Por qué te retiraste?».

Con profunda consternación y algunas lágrimas mal disimuladas, el joven le contestó en voz baja: «Ella no me ahorró ni un día de sufrimiento, ni siquiera una hora. ¡Esa mujer no merecía mi amor!».[13]

Por favor, no vivas más una vida de segunda. No permitas que el diablo te siga envolviendo en su espiral destructivo y destructor. No te resignes a continuar enfermo. No te conformes con comer las migajas desperdigadas por el piso que caen de la mesa del banquete. La mujer sirofenicia tenía una fe tan grande como para acercarse a Jesús a pesar de los obstáculos de género, culturales y religiosos. Su fe y su deseo inquebrantable de que su hija fuera curada hicieron que se acercara a Jesús y le rogara por la sanidad de la niña. Jesús bien podía curar a su hija de inmediato, pero el Señor quería que la madre también fuera sanada en su interior. De modo que la provoca, tratándola no como a una hija, sino como a una extranjera. Él hace esto para que orientara su fe no solo hacia la sanidad de su hija, sino también hacia su propia condición. Entonces la mujer le dice: «Sí, Señor; pero hasta los perros comen las migajas que caen de la mesa de sus amos». Y Jesús responde: «¡Mujer, qué grande es tu fe!» (Mateo 15.27-28). En otras palabras: «Mujer, no te conformes más con comer las migajas del piso. No solo sano a tu hija, sino que sano tu condición para que sepas por siempre que eres hija, no extranjera».

Lo mismo quiere hacer contigo. No dejes que el diablo te mantenga esclavo de este sistema en una sociedad líquida, que pretende que experimentes un amor licuado y de esa manera te mantengas siempre insatisfecho. No te conformes con conexiones afectivas enfermizas que te lastiman y lastiman. No dejes que el temor te controle y te haga comer las migajas que caen de la mesa de los hijos de Dios. No eres un extranjero, eres un hijo de Dios amado.

El Señor ha dispuesto ya el banquete: una vida abundante, amando y siendo amado sanamente. ¡Siéntate a la mesa!

CAPÍTULO 12

EL GRAN HERMANO

«La fuerza desencadenada del átomo lo ha transformado todo menos nuestra forma de pensar. Por eso nos encaminamos hacia una catástrofe sin igual».

—ALBERT EINSTEIN

Robert De Niro y Dustin Hoffman protagonizaron juntos la película *Wag the Dog*, una maravillosa comedia negra dirigida por Barry Levinson, que en hispanoamérica se exhibió con los títulos de *Mentiras que matan* o *Escándalo en la Casa Blanca*. De Niro es un experto asesor político. Hoffman es un productor cinematográfico. Ellos trabajan juntos a fin de que el presidente pueda ganar su reelección después de ciertas acusaciones de inmoralidad. Para ello inventan una guerra ficticia entre los Estados Unidos y Albania, con el objeto de desviar la atención de la gente de dichas acusaciones a la supuesta guerra.

La expresión «Wag the Dog» significa poner algo marginal o secundario en un lugar central. Ocultar la verdad. Darle más luz a un elemento para que el resto de la foto pierda nitidez. «Wag the Dog» literalmente quiere decir «menear al perro», en lugar de que sea el perro el que menee la cola, que es lo natural. Y esto es lo que continuamente hacen los poderosos a fin de manipular a la gente.

En este capítulo veremos cómo se da la manipulación en el terreno de lo político. Y comenzaremos con un comentario sobre la frase de Einstein que aparece al inicio. El gran científico nos hacía esta severa advertencia, refiriéndose a que después de las grandes guerras, a pesar de las muertes, los desastres, las injusticias y el sufrimiento generalizado, el ser humano no ha cambiado su manera de pensar y continúa tratando de dominar, y por ende de manipular.

Manipular políticamente es tergiversar, modificar o cambiar los hechos en un sentido determinado, siguiendo unas orientaciones prefijadas y con fines de controlar los comportamientos del pueblo. Se expone a la gente a la comunicación persuasiva, que técnicamente está diseñada para disminuir la resistencia psicológica de los receptores, a fin de captar su atención y lograr determinadas respuestas deseadas. Es decir, es el intento deliberado, pensado y realizado por especialistas de provocar cambios en la opinión y los sentimientos de los receptores con fines específicos.

Resulta obvio que los cristianos no pueden permanecer como el resto de las masas, siendo fácilmente objeto de la manipulación de los políticos y gobernantes. Tan cierto y bíblico es Romanos 13 y el mandato a sujetarse a los gobernantes que trabaja para el bien común, como lo es la imagen del poder mal ejercido originado en el mismo Satanás que nos muestra el libro de Apocalipsis, y las indicaciones de las Escrituras a discernir las acciones de los gobernantes, juzgarlas y rechazarlas cuando son injustas. Los cristianos tenemos que ejercitar los sentidos para discernir lo bueno y lo malo que se nos plantea desde el poder, ya que en muchísimos casos las consecuencias de esas acciones de manipulación, dominio y control derivan en pobreza, marginalidad, narcotráfico, corrupción y la muerte de miles de personas. Y en América Latina la historia nos dice que esto no es una exageración.

Así que mi intención en este capítulo es que conozcas algunas estrategias aplicadas al terreno de lo político y aprendas a pensar desde una perspectiva bíblica teológica, sin ser como una hoja de otoño llevada de aquí para allá por los manipuladores de turno. Esto resulta imprescindible cuando se trata de los líderes para que se desate la voz profética de denuncia y anuncio.

La iglesia no debe ausentarse de los problemas y los deberes de la sociedad escondiéndose en una cueva, sino que debe contribuir al cambio social. Lamentablemente, muchas veces hemos escuchado a los cristianos decir: «A mí la política no me interesa», o a ciertos líderes enorgullecerse de que son «apolíticos», ignorando que es imposible serlo. Esa supuesta apoliticidad de por sí ya es una posición política.

Resulta imposible estar al margen de la política, porque toda la realidad es política. Sin embargo, como iglesia, como un cuerpo, no debemos involucramos en ningún partido político ni formar tampoco uno nuevo, pues la iglesia que se compromete con una determinada expresión política pierde su voz profética. La iglesia debe tener la libertad de juzgar y hablar de un poder que ella no tiene. Además, la iglesia es para todos, mientras que los partidos solo representan a una parte. No obstante, si bien la iglesia como un todo no puede involucrarse partidariamente, sí debe motivar a sus miembros a participar en sus responsabilidades ciudadanas y en especial a cumplir su función de liderar a la sociedad mostrando los valores del Reino.

Cuando no lo hacemos, son millones los que sufren. Bertolt Brecht afirmó:

«El peor analfabeto es el analfabeto político, el que no ve, no habla, no participa de los acontecimientos políticos. El que no sabe que el costo de la vida, el precio del poroto, del pescado, de la harina, del alquiler, del calzado o del remedio dependen de decisiones políticas. El analfabeto político es tan bueno que se enorgullece e hincha el pecho diciendo que odia la política. No sabe, el imbécil, que de su ignorancia nace la prostituta, el menor abandonado, el asaltante y el peor de todos los bandidos, que es el político corrupto y el lacayo de las empresas nacionales y multinacionales».[14]

Por lo tanto, con una actitud global de sujeción y oración por las autoridades de nuestras naciones, ejerzamos la tarea de discernir lo recibido.

ESTRATEGIAS DE LA MANIPULACIÓN SOCIAL

El reconocido lingüista Noam Chomsky popularizó una lista confeccionada por Sylvain Timsit de las diez principales estrategias de manipulación que utilizan los gobiernos. J. A. C. Brown ha aportado mucho en cuanto a las técnicas de persuasión utilizadas por los distintos regímenes políticos para manipular a las masas. Obviamente, resulta esencial recordar también a Maquiavelo y su obra *El príncipe*, en la que describe la manera en que un jefe de estado puede lograr y retener el poder político. Por su parte, Josef Goebbels, ministro de propaganda del régimen nazi, igualmente estableció principios para manipular a los pueblos por medio de la propaganda gubernamental. Utilizando estos y otros aportes, permíteme presentarte algunas estrategias de manipulación.

Distraer a la gente con temas menores

Los gobiernos usan esta estrategia de manipulación y control social, que consiste en desviar la atención del público de los problemas importantes. El objetivo de esta estrategia es que mientras las personas están distraídas con un tema sin significación política, los sectores del poder económico y político toman las decisiones más importantes. Puede atraerse la atención de la gente hacia una cuestión de la farándula artística o el mundo del deporte, o a una discusión de la arena política, pero de poco peso. El objetivo es que la gente esté bien ocupada para no pensar.

Crear problemas y después ofrecer soluciones

Primero se crea un problema, una «situación» que provoque cierta reacción en el público. Entonces, ante el problema creado por el propio poder político, se produce el reclamo del pueblo, que pide una respuesta del gobierno. Ante esto, el gobierno toma ciertas medidas que supuestamente fueron pedidas por la gente, pero que en realidad han sido diseñadas con anticipación por los gobernantes, que generaron el problema en primer lugar para lograrlas.

Un ejemplo de esto es cuando se provocan hechos que motivan la inseguridad para que el público pida mayores medidas de seguridad y represión, y que así el gobernante pueda recortar las libertades de la gente.

Un plan progresivo

Para hacer que una nueva situación social que seguramente provocaría rechazo y reclamos de parte de la gente se termine de producir, se van tomando medidas que conduzcan a ese cambio social de manera progresiva, de modo que la gente las vaya aceptando poco a poco. Por ejemplo, la reducción del estado, privatizaciones de las empresas públicas, precariedad laboral, desocupación masiva, pérdida del poder adquisitivo con los salarios.

El anuncio anticipado de medidas

La estrategia es presentar una decisión impopular como algo que será llevado a cabo en el futuro. Como la gente tiene la tendencia optimista a pensar que la situación irá mejorando y prefiere pensar en un sacrificio futuro que en uno inmediato, se resigna y se adapta al cambio.

Dirigirse al público en lenguaje infantil

Con esta técnica se parte de lo que se ha comprobado en la psicología de masas, y es que mientras más se trate a la gente como niños, por una cuestión de sugestión, la gente va a responder también como niños. Toda propaganda debe ser popular, adaptando su nivel al menos inteligente de los individuos a los que va dirigida. La idea que está detrás de esto es la de masificar a los receptores.

Manejo emocional

Se trata de apelar a los sentimientos y las emociones del auditorio de forma prioritaria. La intención es que la gente no utilice el juicio crítico. Se abre la puerta al inconsciente y esto permite que quien maneja el lenguaje induzca a ciertas respuestas.

Alimentar la ignorancia

Desatender la educación de un pueblo es una de las formas de mantener en la ignorancia a la gente y de esta forma manipularla. Un pueblo educado es un pueblo que tiene elementos para pensar y desarrollar su juicio crítico, que tiene la capacidad de tomar decisiones libremente y por lo tanto no se deja controlar.

Alentar la mediocridad

A través de los medios de comunicación se transmiten la mediocridad, la vulgaridad y la ordinariez. Se promueven figuras que se caracterizan por su chabacanería. Se instalan clichés y eslóganes que promueven la resignación y la pobreza intelectual. Y esto se hace por medio de sus referentes populares. Mientras que la gente se mantiene en ese nivel bajo, aceptando el status quo, los poderosos dominan, toman las grandes decisiones y mantienen la situación tal como está.

Proyectar todas las responsabilidades sobre la gente

Se refuerza el sentido de culpa en las personas. Se comunica un mensaje que consiste en hacer creer que todo lo malo que sucede es responsabilidad de la gente, no de los gobernantes. De esta manera las personas se desprecian y condenan a sí mismas, y al no estimarse, pierden la iniciativa y se sumen en la pasividad.

Usar el conocimiento de las personas y de la información

Por medio de sistemas avanzados el gobierno conoce perfectamente las preferencias, los anhelos y las necesidades de las personas. Ese conocimiento no solo se usa para fines económicos afirmando la condición de clientes de cada ciudadano, sino también se utiliza tal información para ejercer la manipulación política.

Suscitar un tema en la opinión pública

Con frecuencia los gobiernos utilizan los medios de comunicación para promover en la sociedad un tema que les interesa. Luego el poder político se ocupa de ese tema que supuestamente es el resultado del interés público, haciéndole creer a la gente que fue la sociedad, la opinión pública y la prensa en el ejercicio de la libertad quienes demandaron el tratamiento del mismo.

Seleccionar arbitrariamente la información

El proceso de selección de la información a transmitir ya de por sí implica una intención manipuladora. Solo se incluyen en el mensaje como temas y datos de referencia aquellos que son útiles para los fines manipuladores, es decir, para lograr los objetivos deseados y por los cuales se ejerce influencia.

Utilizar las encuestas

Como nunca antes en la historia, en nuestro tiempo los políticos y gobernantes utilizan las encuestas como instrumento de conducción, tanto para recabar información sobre la forma de sentir y pensar de la gente a fin de decidir qué hacer, como también para manipular a las personas a partir del uso de las mismas. Sin embargo, muchas veces estas investigaciones, al ser pagadas, presentan conclusiones engañosas. En otros casos la interpretación de las encuestas es tergiversada con fines de manipulación. En ocasiones los muestreos de base son poco representativos, pero se presentan como una expresión genuina del todo. El público cree que al tener una base científica, estas conclusiones son objetivas, de modo que el poder de convicción de estas formas de manipulación es grande.

Hacer uso del doble discurso

La finalidad del doble discurso en la boca de políticos y gobernantes es no perder el electorado que podría estar en contra de lo propuesto. El mensaje dual permite que cada persona pueda sentirse identificada con alguna parte del discurso y nadie quede totalmente marginado de la propuesta.

Decir lo que se quiere escuchar

Los grandes estadistas dicen y hacen lo que consideran que es mejor para los pueblos, aun cuando eso no resulte agradable e incluso a riesgo de perder votos o dejar de presentarle una imagen positiva al electorado. Sin embargo, los manipuladores hacen todo lo contrario, gobernando a partir de las preferencias de la gente.

Levantar a un enemigo

Esta técnica consiste en que el gobernante de manera permanente individualiza a un enemigo con la intención de polarizar la opinión pública y hacer a esa persona culpable de todo lo que sucede. El objetivo es la permanente agrupación de la opinión pública en campos enfrentados. Tal estrategia se basa en el viejo axioma: «Divide y vencerás». Todo aquel que no es «de los nuestros» se constituye en el enemigo.

Emplear la repetición continua

Según Goebbels, la propaganda debe limitarse a un número pequeño de ideas y repetirlas incansablemente. Desde diferentes perspectivas, hay que repetir y repetir los mismos y pocos conceptos.

Cambiar continuamente de tema

Es necesario emitir constantemente informaciones y argumentos nuevos de la forma más vertiginosa posible. Esto tiene como fin que cuando la opinión pública está discutiendo un tema, se cambia por otro y así todo queda en la nada, porque cuando la oposición empieza a responder, el público ya está interesado en otra cosa. Esto también se manifiesta en las acusaciones que el gobierno presenta sobre la oposición. Una vez que esta pretende contrarrestarlas, el gobierno ya está manejando otras nuevas acusaciones de manera que siempre el adversario esté en jaque.

Emitir noticias inverosímiles

Esto es lo que se conoce como «globo sonda». Se trata de publicar una noticia-experimento que sirve para conocer la opinión general de la población acerca de una posible medida real. El objetivo es averiguar si una nueva medida tendría éxito. Los globos sondas también se usan para distraer la atención pública y hacer que la oposición se enfoque en temas que no existen en realidad, mientras los problemas reales son desatendidos.

Exagerar y desfigurar

Cosas que son menores se agigantan. Se les da una relevancia enorme a temas sin importancia. Los errores insignificantes de la oposición se magnifican y se les da la categoría de amenaza grave. La intención es aumentar la polarización y distraer la atención pública con asuntos sin importancia.

Silenciar lo inconveniente

Se acallan las cuestiones sobre las que no se tienen argumentos y se disimulan las noticias que favorecen al adversario, contraprogramando también con la ayuda de los medios de comunicación afines.

Apropiarse de la tradición

Se trata de hacer una asociación de ideas, escogiendo una creencia o valor que esté bien posicionado entre la gente y relacionándolo de alguna manera en la mente de las personas al gobierno o un determinado político. Como ese valor cultural es aceptado, se produce una transferencia de esa aceptación al político o el gobierno. Es más fácil avivar la adhesión a una tradición aceptada que crear adhesión hacia un político o gobierno.

Generar la idea de unanimidad

Esta técnica consiste en intentar convencer al pueblo de que todos piensan en correspondencia con lo que el gobierno o político proponen. Diversos estudios han demostrado que los individuos somos propensos a aceptar una opción si todas las personas a nuestro alrededor han hecho lo mismo.

RAÍZ DEL PROBLEMA

Todas las técnicas de manipulación y control social giran alrededor de la palabra *ignorancia*. Sin embargo, el pueblo de Dios no puede darse el lujo de vivir demostrando una falta de conocimiento. Las palabras traducidas al español como tinieblas e ignorancia, en hebreo, constituyen un solo vocablo, de modo que podemos darnos cuenta de la gravedad de este mal, el cual la Palabra de Dios considera como nuestro principal enemigo. «Por falta de conocimiento mi pueblo ha sido destruido. Puesto que rechazaste el conocimiento, yo también te rechazo como mi sacerdote. Ya que te olvidaste de la ley de tu Dios, yo también me olvidaré de tus hijos» (Oseas 4.6). Aquí se denuncia la falta de conocimiento de lo que Dios dice y lo que está sucediendo en la realidad, así como de lo que hay que hacer en esa realidad a partir de lo que Dios dice.

Las Escrituras, al relacionar a los guerreros que se pusieron bajo las órdenes de David, mencionan que «eran hombres expertos en el conocimiento de los tiempos, que sabían lo que Israel tenía que hacer» (1 Crónicas 12.32). Una de las funciones principales de los líderes del pueblo de Dios es ayudar a sus hermanos en el proceso de discernimiento de los tiempos, es decir, animar y asistir en la interpretación de los acontecimientos que se dan en el mundo y la historia desde una perspectiva del reino de Dios. Los creyentes tienen que estar entrenados en lo que al discernimiento se refiere, de manera tal que no sean manipulados y controlados por los poderosos del sistema. Lamentablemente, muchas veces los líderes no pueden capacitar a los creyentes en cuanto a esto, ya que ellos mismos no saben pensar desde una plataforma bíblico-teológica.

Por desdicha, en los seminarios e institutos bíblicos se transmite información, pero son pocos los lugares y los profesores que enseñan a pensar. Hoy en día es fácil recabar información por la vía de la

Internet, pero pensar con una cosmovisión bíblica es algo que no se puede lograr a través de la red. Muchas de las cosas que se aprenden responden a problemáticas que van variando con el tiempo. Y frente a las nuevas problemáticas el liderazgo muchas veces pretende dar las mismas viejas respuestas. Es como tratar de arreglar con una pinza y un destornillador un auto nuevo que está todo computarizado. No se pueden arreglar con las viejas herramientas las nuevas problemáticas. Vivimos en un mundo de cambios permanentes, de modo que tenemos que aprender a fundamentarnos en las verdades eternas de Dios, pero aplicándolas a las nuevas realidades.

Permítame presentarte algunas sugerencias sencillas para aprender a pensar ante las distintas situaciones con la visión del reino de Dios, ya que la Palabra dice: «Sin dirección, la nación fracasa» (Proverbios 11.14).

METODOLOGÍA PARA PENSAR TEOLÓGICAMENTE

1. Definir la problemática.

Frente a una situación dada, uno debe tratar de definir esa situación lo más claramente posible. Describirla y explicitarla en sus distintas manifestaciones. Puntualizar cuáles son las causas y precisar las consecuencias.

2. Aproximación bíblica a la problemática.

Preguntarse: ¿qué dice la Biblia acerca de esto? ¿Cuáles palabras y conceptos bíblicos tratan la problemática?

3. Sistematización de lo que la Biblia dice.

Esta es la aproximación teológica al tema. Después de haber leído todo lo que la Biblia dice sobre el tema, debemos agrupar las diferentes citas en conceptos que nos permitan definir el problema o la situación, pero desde una perspectiva bíblica.

4. Aproximación histórica.

La misma nos puede ayudar a aprender de lo vivido, así como también a tener balance en nuestras conclusiones. ¿Cuáles han sido las repuestas que la iglesia le dio a través de la historia a esa problemática? ¿Qué consecuencias hubo luego de esas respuestas de la iglesia? ¿Qué aciertos hubo y qué errores se cometieron para no repetirlos? La historia nunca reemplazará a la Biblia, nuestra única regla de fe y práctica. Sin embargo, sobre todo en cuestiones de aplicación, conocer la historia nos permite aprovechar la experiencia de los que nos precedieron. Esto tampoco significa que tenemos que repetir lo conocido, porque obstaculizaríamos el cambio. No obstante, sí nos permite lo que bíblicamente se llama sobreedificar, es decir, pararnos en los hombros de las generaciones anteriores.

5. Aproximaciones de las diferentes disciplinas.

¿Qué disciplinas, personas y organizaciones trabajan en la problemática? ¿Cuáles son las respuestas de cada disciplina? ¿Cuáles son las fortalezas y por qué? ¿Cuáles son las debilidades y por qué?

6. Aproximación temporal: lectura diacrónica de la realidad.

La palabra *diacrónica* está compuesta por dos vocablos griegos: *dia*, que significa «a través de» y *cronos*, que significa «tiempo». Es decir, se trata de una lectura a través del tiempo.

Esto implica hacer un análisis de cómo van sucediendo los acontecimientos. Partimos de lo que estamos viviendo en el presente y tratamos de imaginar lo que viene. Es lo que llamamos marcar tendencias. Conforme a lo que estamos viviendo, ¿hacia dónde marcha el mundo y la realidad toda? Jesús enseñó a hacer esta lectura cuando dijo: «Aprendan de la higuera esta lección: Tan pronto como se ponen tiernas sus ramas y brotan sus hojas, ustedes saben que el verano está cerca» (Mateo 24.32). Es decir, miramos la higuera para saber lo que viene. Miramos lo que hoy pasa para saber lo que depara el futuro.

7. Aproximación profética a la realidad.

Se trata de una segunda lectura que podríamos llamarla «lectura diacrónica en reversa de la realidad». Es también una lectura a través del tiempo, pero a diferencia de la anterior la dirección va del futuro hacia el presente. Jesús también enseñó a hacer esta lectura en el capítulo 24 del Evangelio de Mateo. Después de contar lo que sucederá al final de la historia, explicó qué era lo que debían hacer en el presente. Les dijo: «Ustedes deben estar preparados» (Mateo 24.44).

8. Aproximación sincrónica a la realidad.

Significa ver lo que sucede en un determinado cronos. Leer sincronizadamente los diversos acontecimientos que se están dando en este tiempo. Ya no para anticipar o planificar, sino para ver cómo se entrelazan, se combinan y van tejiendo la madeja de la realidad.

CONCLUSIONES PERSONALES, PASTORALES Y DE MISIÓN

No hemos sido llamados a ser observadores y analistas de la realidad, sino a actuar. En función de lo analizado, debemos preguntarnos: ¿lo que los medios me presentan, lo que los gobernantes me proponen, está de acuerdo con lo que Dios dice y lo que resulta en bendición para la gente? ¿Cuáles son los cambios que habría que hacer? ¿Cómo se producen? ¿Quiénes son los actores de ese cambio? ¿Qué sugerencias habría que darles a los creyentes frente a la situación planteada? ¿Cuál debería ser la respuesta de la iglesia? ¿Qué consecuencias tiene la situación para la misión de la iglesia? ¿Cuáles serían los pasos prácticos que habría que dar? ¿Cuáles son los recursos que se necesitan a nivel humano, material y económico? Y luego elaborar un plan.

George Orwell, en su novela *1984*, introduce la omnipresencia y la vigilancia omnisciente del Estado, el Gran Hermano. Los miembros de la Policía del Pensamiento están todos vestidos de negro, en sus cabezas llevan cascos estilo inglés, cinturón negro y una porra, las insignias del partido en el cuello, un fusil y un cinto atado a los hombros en forma de «Y». Lucen amenazantes, y lo son. Están listos a castigar el *crimental*, es decir, el crimen del pensamiento, cualquier manera de pensar contraria al Partido y el Gran Hermano. Aquellos que se atrevían a pensar diferente eran detenidos por la Policía del Pensamiento y encerrados en la Habitación 101, donde se quebraba su voluntad de manera tal que volvieran mansamente a ser parte del sistema establecido.

No son pocos los que encuentran muchos puntos de contacto entre nuestro mundo de hoy y la ficción descrita en la novela de Orwell. Se habla de que vivimos en una sociedad orwelliana, es decir, donde lo totalitario, manipulador y dominante se manifiesta de manera similar a lo anticipado en la novela *1984*.

Querido lector, no permitas que el Gran Hermano te domine por medio de la manipulación. En lugar de eso, como hermano mayor, como líder, adiestra al pueblo en la capacidad de discernir a fin de no ser manipulados por nada ni nadie. Recuerda que el Gran Padre desea que vivamos en libertad. Y el Mayor de los Hermanos, el Primogénito, dio su vida para que seamos definitivamente libres.

CAPÍTULO 13

¿POLLOS O PERSONAS?

«Y además se observa enseguida que una vez sin el envoltorio de celofán de colores, todas las barras de chocolate tienen el mismo sabor a cacahuate, todos los *best-sellers* cuentan la misma historia. ¿A santo de qué elegir entonces entre dos dentífricos? Este derroche inútil deja un sabor de boca a mistificación. Se brindan mil posibilidades, pero es la misma. Mil opciones lícitas, pero todas equivalentes. Así el ciudadano americano podrá consumir su libertad en el seno de la vida que se le impone sin percatarse de que la propia vida que lleva no es libre».[15]

—SIMONE DE BEAUVIOR, *América día a día*

En 1957, en apenas seis semanas, las ventas de Coca-Cola aumentaron 18,1% y el consumo de palomitas de maíz se disparó al 58,7% en el estado de Nueva Jersey. ¿Qué fue lo que sucedió? ¿A que se debió semejante explosión en el crecimiento del consumo de estos dos productos en tan poco tiempo y en una sola localidad?

En una ronda de prensa, el ejecutivo James Vicary explicó lo ocurrido. Dijo que había insertado flashes subliminales con una duración de una veinticincoava parte de segundo en la película Picnic. Esos flashes subliminales fueron colocados en una versión de la película que se exhibió únicamente en Nueva Jersey. Sobre la cara de la protagonista, la actriz Kim Novak, cada cinco segundos se proyectaban eslóganes que decían: «Beba Coca-Cola» y «¿Tiene hambre? Coma palomitas de maíz». Dada la cortísima duración de esos flashes subliminales, el público de New Jersey no fue consciente de haber visto los mensajes, de modo que recibió la indicación sin oportunidad de reflexionar sobre el contenido. Se empezaba a descubrir el uso de la tecnología en la publicidad para manipular la mente del público.

En 1973, Wilson Bryan Key, con su libro *Seducción subliminal*, dio a conocer muchas de las técnicas empleadas para producir mensajes subliminales. Él afirmó: «La percepción subliminal es un tema que casi nadie quiere creer que exista, y si existiera, son menos aun los que piensan que pueda tener una aplicación práctica. Sin duda resulta más fácil ignorar simplemente lo que pasa».

EL PODER DE LAS SENSACIONES

Sin embargo, no hace falta hilar tan fino como esto, es decir, no es necesario la utilización de mensajes subliminales para hacer uso de la manipulación por la vía de la publicidad. Tampoco para demostrar que se apunta a provocar sensaciones y sentimientos más que a la promoción de las virtudes del producto. La publicidad en general se enfoca hoy en manipular por medio de las sensaciones. Así, por ejemplo, la ginebra Gordon's perfumó las salas de cine con esencia de enebro para que la publicidad penetrara por el olfato. En los mejores conciertos, Calvin Klein colocó a la entrada adhesivos con su perfume CK, para asociar el sonido culturalmente valorado con su marca.

Como hemos visto a lo largo del libro, la manipulación en general responde a la voluntad de dominar a personas o grupos en algún aspecto de la vida y dirigir su conducta. La manipulación comercial en particular quiere convertirnos en clientes, en consumistas.

El español Vicente Verdú, uno de los mejores intérpretes de nuestro tiempo, dice con acierto que hoy en día las marcas son más que una cosa. O como dicen los libros sobre mercadotecnia, son una *no-thing*. Se produce una interrelación entre el producto y sus consumidores. Muchas marcas no son solo eso, sino que conforman una estética, una personalidad, una forma de ser, pertenecer y estar. Apple evoca no solo a las computadoras, sino distinción. Por tal motivo algunas marcas han ampliado su radio de producción, incorporando artículos que antes no tenían nada que ver con su producción original. Así, por ejemplo, Ralph Lauren ya no vende solo ropa o colonias, sino toda suerte de productos para la casa, e incluso pintura. De lo que se trata es de comercializar un estilo de vida. Starbucks no solo vende café, sino también muebles y artículos para el hogar. De esta manera comprar determinadas marcas significa optar por una concepción de la vida. Cada marca nos invita abiertamente a ser parte de su «cultura». «Nike no es una compañía, sino un movimiento», nos dicen los ideólogos de esta empresa. Y eso lo logran mediante las más sofisticadas acciones de manipulación.

En la actualidad, la marca no pretende que obviamente nos demos cuenta de que quieren captarnos, sino lo hacen mediante el estímulo de nuestra propia persona. Es decir, la marca nos presenta la idea de que ser parte de su cultura nos ayuda a ser uno mismo. Frente a la crisis de identidad que el mundo posmoderno y globalizado presenta, la publicidad manipula al público enfatizando la individualidad. Se nos vende la ilusión de que nosotros somos los creadores de nuestro propio yo por medio de un *look* exclusivo.

LA CENTRALIDAD DEL YO

La publicidad no intenta inducirnos a que compremos el producto, aunque por supuesto ese sea el objetivo final, sino procura ser agradable. Del mismo modo, hoy en día se dedica mucho menos a destacar las particularidades del producto, ya que lo importante no es la mercancía en sí misma, sino la idea que incorpora. Así, por ejemplo, Volvo dice: «Esto no es un automóvil. Es una ideología». Steve Jobs afirmaba: «Apple no tiene que ver con bytes y cajas, sino con valores». Claro, algunos de esos valores son al menos cuestionables. Nike reconoce que parte de los valores que transmiten son irreverencia, individualismo y narcisismo.

Las agencias de publicidad han descubierto que, psicológicamente, no se vende solo el producto, sino muchas otras cosas. De este modo, le ofrecen violencia a los jóvenes, erotismo a los enamorados, símbolos a los arribistas, afectos a los sentimentales, y muchas cosas más. En las publicidades cada vez hay una ausencia mayor del artículo de consumo en sí. Los expertos aseguran que, por ejemplo, no hace falta vender en específico el calzado Nike. General Electric se presenta como una gran institución que procura el bienestar de la gente: «Creamos cosas buenas para la vida».

A partir del uso de la psicología profunda, los publicistas han estudiado a fondo las motivaciones de las personas. Sus investigaciones demostraron que los compradores no consumen productos únicamente como respuesta a sus necesidades de vida, sino para afirmar su identidad personal.

De este modo, la propaganda comercial difunde a menudo la actitud consumista y la hace valer bajo el pretexto de que el uso de determinados artefactos es signo de alta posición, prestigio social y progreso. La publicidad de un automóvil lujoso repetía la palabra «señor» hasta veinte veces: «Un señor como usted debe utilizar un coche como este, que es el señor de la carretera. Enseñoréese de sus mandos y siéntase señor...».

El muchacho que en compañía de su novia aventaja a los otros automóviles en la autopista con su deportivo descapotado no está buscando simplemente trasladarse más rápido de un lugar a otro, sino procura experimentar una sensación de poder, virilidad y prestigio. Es decir, basándose en una cierta visión que él tiene de lo que debe ser un joven de éxito hoy en día, encuentra en ese vehículo una identificación que le permite proyectar esa imagen ante los demás, de manera que pueda recibir la confirmación de parte de la sociedad de su éxito social, lo cual le da seguridad.

LA MANIPULACIÓN COMO FORMA DE ENGAÑO

José María Vigil describe esto muy bien cuando comenta un anuncio televisivo en el que se presentaba un coche lujoso. En el mismo, en la parte opuesta de la pantalla aparece enseguida la figura de una joven bellísima. No dice una sola palabra, ni siquiera hace el menor gesto, solo muestra sencillamente su hermosa y atractiva imagen. Acto seguido, el coche comienza a rodar por paisajes exóticos, mientras se escucha al fondo una voz susurrante diciendo: «¡Entrégate a todo tipo de sensaciones!». En esa publicidad no se aduce razón alguna para elegir ese automóvil en lugar de otro, sino que se manipula hábilmente al espectador, vinculando la imagen del vehículo con realidades que resultan atractivas para millones de personas, y enmarcando todo con una frase que por su contenido y su dicción moviliza la respuesta sensitiva y emocional del público. La intención obviamente es que el público se sienta motivado a la hora de comprar un automóvil a adquirir ese modelo. Los publicistas no le han dicho: «El que compre este automóvil podrá conocer a esta joven y conocerá todos esos lugares exóticos». Es decir, no lo han engañado directamente, pero lo han manipulado, que es una forma sutil de engaño. Han halagado el apetito de sensaciones gratificantes a fin de orientar su voluntad hacia la compra de ese producto. Han hecho que hubiera una correlación entre lo que ofrecieron ligado al producto y la necesidad de afirmación, identidad e imagen que el consumidor tiene. Lo manipularon como persona, reduciéndolo a un mero cliente.

De este modo, los productos proyectan valores, imágenes, identidades y determinada cultura. Coca-Cola transmite jovialidad. Nike, rebeldía y autenticidad. Diesel, amor. Por cierto, su eslogan es: «El amor ahora es patrocinado por Diesel». No solo no se hace énfasis en el producto, sino que tampoco se menciona el hecho de que se trata de una compra, ya que la gente no quiere gastar. El producto se presenta como un don, como algo que la empresa provee para beneficio del público.

Las emociones están al frente de todo, de tal manera que no hay reflexión, sino la respuesta es solo sentimental o sensorial. Nescafé no nos presenta cinco sabores, sino cinco «emociones». Un experto en mercadotecnia, Marc Gobé, habla de «vender lo invisible», es decir, solo emociones, sensaciones y sentimientos.

Es bueno repetir una vez más que el énfasis de la manipulación publicitaria está en hacernos sentir únicos, singulares, especiales, artistas, héroes y protagonistas.

CREACIÓN DE NECESIDADES

Hoy se produce mucho más de lo que requieren las necesidades de la gente. Por lo tanto, por la vía de la publicidad y la manipulación se adiestra a las personas para que sientan la necesidad de tener el último producto que ha salido al mercado. A su vez se producen los artículos con una calidad inferior, de manera que duren menos y la renovación de los mismos se convierta en algo indispensable.

Las marcas que eran exclusivas de las clases altas hoy ofrecen productos más accesibles. Por ejemplo, Mercedes Benz y su vehículo Clase A. Resulta necesario poner al alcance de las masas productos sofisticados, o productos que proyecten esa imagen de prestigio social o algunos de los valores de éxito social con los que la gente hoy quiere ser identificada, a fin de que no se frene el ritmo productivo. Se busca la intensificación, potenciación y profundización de las necesidades artificiales de los individuos.

La producción por medio de la publicidad manipuladora crea las necesidades que quiere satisfacer. Karl Marx lo había expresado diciendo: «A través de la producción es creado no solamente el contenido del consumo, sino también el tipo de consumo, no solo objetiva, sino también subjetivamente. La producción crea el consumidor».

PUBLICIDAD SANA Y PUBLICIDAD MANIPULADORA

La publicidad, cuando utiliza la manipulación como herramienta de comunicación con el público, masifica a los individuos y somete al ser humano a la tiranía del consumo. Crea necesidades artificiales y las vincula al sentido de plenitud de las personas. Esto de por sí ya sería terriblemente engañoso, porque la plenitud y la felicidad no se alcanzan mediante el consumo, pero además, en países con tantos hombres y mujeres que no tienen acceso a lo que la publicidad presenta como indispensable para la felicidad, resulta no solo engañoso, sino provocador de insatisfacción y violencia social.

Con esto no pretendo anular la legítima promoción de los productos, ni el ejercicio leal de la influencia social. Sin embargo, eso y la manipulación son dos cosas bien diferentes. En primer lugar, la manipulación ejerce una influencia subrepticia, oculta. En segundo, la persona no percibe la intencionalidad del que hace la publicidad. Y en tercero, se crea una falsa conciencia, a partir de la cual la persona que consume piensa que ha tomado una decisión racional, voluntaria y personal, cuando en realidad ha sido manipulada en su voluntad por medio de acciones que afectaron principalmente a nivel inconsciente sus emociones y sentimientos, sin promover una respuesta racional.

Cuando alguien es consciente, la manipulación deja de surtir efecto. Por eso al manipulador social le interesa que el público no ejerza su conciencia crítica, de modo que sea fácilmente manipulable. Sin embargo, como en todo tipo de manipulación, hay mucho sometimiento servil a la manipulación por parte de la gente, ya que hoy se le avisa cada vez más al público sobre las estrategias manipuladoras de la publicidad. Aun así, son pocos los que no se someten a esas artimañas, y lamentablemente el resultado es un ser humano manipulado, alienado, masificado, en definitiva, creado a imagen y semejanza del sistema. Esto se debe a que el sistema diseña previamente un patrón de cliente definiendo sus deseos, necesidades, aspiraciones y satisfacciones, es decir, crea un esclavo del sistema y la publicidad que lo manipula.

Sergio Sinay lo expresa bien cuando dice:

> Se puede consumir de manera funcional (para atender una necesidad como el hambre, el frío, la sed, el encuentro con un ser querido, la celebración de un logro trascendente) o se puede hacer respondiendo a un deseo fogoneado desde afuera por manipulaciones del mercadeo y la publicidad, por exhibicionismo, por aburrimiento, por afán competitivo, para acallar una angustia generada por temas personales negados, no abordados o no aceptados.[16]

EL CRISTIANO Y LA MANIPULACIÓN PUBLICITARIA

Esto es gravísimo éticamente hablando, de modo que el cristiano debe oponerse de forma activa a tal pecado social. Sin embargo, el gran problema es que solo se puede ir en contra de un espíritu cuando ese espíritu no está dentro de uno. Y lamentablemente, la mayoría de los cristianos son víctimas también de dicho sistema alienante y sus metodologías publicitarias.

Son pocos los cristianos que tienen una aproximación crítica hacia la cultura consumista en la que estamos inmersos. Por el contrario, consumir es visto como parte de la bendición de Dios sobre la vida de una persona. Son escasos los que disciernen las necesidades verdaderas de las artificiales, y cuando la gratificación no es inmediata, la frustración, la amargura, el enfriamiento espiritual, la incredulidad y la duda aparecen en la vida de muchos creyentes. Peor aún, la fuente de valía personal y afirmación deja de ser su identidad en Cristo para convertirse en el reconocimiento social que es producto del acceso a esa serie de productos que la publicidad le vende como indispensables para alcanzar su felicidad, tener prestigio y lograr la estima de los demás. Y cuando esto ocurre, entonces se cae en la idolatría, que es mucho más que simplemente arrodillarse ante una estatua, ya que Pablo le llama idolatría precisamente a la avaricia (Efesios 5.5).

El consumismo es la gran religión de nuestro tiempo, provocando ese carácter hipnotizante y obviamente esa fascinación narcotizante. Es la forma más sutil de manipulación. Al igual que «lo santo», produce una atracción irresistible, pero causa una profunda frustración. Y cuando la religiosidad afirma esa mentira promoviendo un evangelio donde la bendición se identifica con la posibilidad de consumir lo que uno quiera, la frustración se convierte en raíz de amargura y desdicha.

El filósofo y sociólogo francés Giles Lipovetsky, en su obra *La felicidad paradójica*, presenta precisamente el engaño del consumismo. La insatisfacción es directamente proporcional a la oferta consumista de una sociedad. Por otra parte, Sergio Sinay, en su libro *El apagón moral*, asemeja el proceso a través del cual la sociedad de consumo por medio de la publicidad despersonaliza a la gente convirtiéndola en consumidores compulsivos al otro proceso por el cual los pollos son engordados. Según Sinay, las personas víctimas de consumismo

se asimilan a los pollos, a los cuales, en los criaderos, no se les apaga la luz durante las veinticuatro horas del día, mientras se les sigue incitando a comer, de manera que alcancen lo más pronto posible el peso que los llevará al matadero y de ahí a las góndolas de los supermercados, carnicerías y pollerías. Con una diferencia: esos pobres pollos (víctimas de la sofisticada capacidad humana de someter al martirio a todo ser viviente) no tienen conciencia ni voluntad. De lo contrario, al saber la finalidad de aquello a que se los induce, acaso optarían por la huelga de hambre. Pero los pollos humanos que abarrotan los centros de compras [...] saben perfectamente lo que hacen, cuentan con las herramientas para saberlo e incluso para no hacerlo.[17]

Los cristianos debemos experimentar una conversión continua. O una conversión en la que los cambios sean permanentes, por medio de los cuales nos vamos liberando precisamente de estas trampas y cepos. El gran teólogo alemán Johann Baptist Metz afirmaba que debemos liberarnos de nuestro consumismo, en el que al final nos consumimos nosotros mismos.

A tal fin, permíteme compartir contigo algunos criterios que pueden ayudarte a no ser víctima de la manipulación y el consumismo.

EL CRITERIO DE LO BUENO Y LO MALO

Este es el primer y más obvio nivel de discernimiento. Hay propuestas y productos que no son buenos para la vida de una persona. Van desde lo más clásico (como pueden ser los cigarrillos y el alcohol) hasta lo que en general los cristianos no han visto como malo, pero a la luz de la Palabra de Dios sí lo es (como la solicitud indiscriminada de créditos, que la Biblia llama deudas; los juegos de azar como el póquer o los casinos).

Estas publicidades obviamente no presentan el producto como algo malo, por eso requieren un cierto grado de discernimiento. Así, por ejemplo, algunas de las propagandas más elogiadas y repetidas son las de cerveza. La marca argentina Quilmes muestra en todas sus publicidades el consumo de cerveza ligado a los jóvenes, la diversión y la amistad. Por cierto, su eslogan es: «Quilmes, el sabor del encuentro». El sentido de pertenencia, tan importante en los jóvenes, está directamente asociado a tomar cerveza en grupo, trasmitiéndose que no se puede socializar, divertirse, generar amistades ni estar a la moda sin bebida.

Otra «ingenua» e ingeniosa publicidad, llamada «Perdón», ha sido la de la cerveza Schneider, en la cual aparece una secuencia de muchachotes haciendo una serie de estupideces y se le pide perdón a las mujeres por la inmadurez de los hombres, todo esto mientras se muestran imágenes de la cerveza. La publicidad presenta una imagen denigrante de los jóvenes varones dando por sentado que todos hacen lo mismo, justifica los actos de inmadurez como normales, y lo que es peor, naturaliza el acoso y la violencia hacia la mujer, todo enmarcado por la cerveza como punto de unión y amistad masculina.

No es casualidad que siempre en estas publicidades de las distintas marcas de cerveza los protagonistas sean jóvenes, ya que esa franja etaria es el público consumidor principal de dicha bebida. Tampoco es casualidad que en Argentina la cerveza esté consolidada como la bebida líder entre la juventud, ni que el consumo haya crecido un sesenta por ciento. El alcoholismo en adolescentes y jóvenes también ha aumentado geométricamente.

La publicidad del Banco Francés sobre sus préstamos personales, llamada «Disfruta de la vida», presentaba en sus ocho avisos a unos ancianos que no sabían cómo manejar los botones de un equipo de música, un jacuzzi, el control remoto de un portón o una filmadora, ni qué hacer en un embotellamiento de tránsito, un parque de diversiones o un gimnasio. Y la idea que las imágenes transmitían es que la vida hay que vivirla hoy, que los proyectos no hay que dejarlos para mañana, que hay que disfrutar del presente.

Uno podría estar en cierta medida de acuerdo con esto, el tema es cómo se logra. Y ahí es cuando surge lo que para un cristiano es una cuestión conflictiva éticamente hablando, ya que la forma de conseguirlo es tomando créditos del banco. La Biblia nunca habla de créditos, sino que los llama crudamente deudas, afirmando con toda claridad que el que se endeuda se convierte en un esclavo: «Los ricos son los amos de los pobres; los deudores son esclavos de sus acreedores» (Proverbios 22.7). Y la exhortación paulina resulta definitiva: «No tengan deudas pendientes con nadie» (Romanos 13.8).

Sin embargo, un grandísimo número de creyentes en nuestro continente vive endeudado. No son pocos los hijos de Dios que apenas cobran su sueldo ya no les queda nada, pues lo tienen destinado a pagar los préstamos que pidieron. Lamentablemente, en la mayoría de los casos esas deudas no tienen que ver con bienes activos que promueven la vida familiar y además son un respaldo en caso de no poder pagar (como sería una deuda contraída por la compra de una vivienda), sino la mayoría de ellas se deben al mal uso de las tarjetas de crédito, por compras de cosas que no representan inversiones, sino un simple consumo, muchas de ellas absolutamente superfluas. Y como si esto fuera poco, se pagan intereses usureros a los bancos que otorgan esas tarjetas de crédito.

Sumado a esto, está también el concepto del tiempo. «Si no lo hacemos ahora, cuándo lo vamos a hacer», era el epígrafe que acompañaba a cada aviso. La filosofía que yace detrás de este esquema de pensamiento es la de disfrutar ya, tener una gratificación inmediata. No hay lugar para el ahorro, la previsión, la postergación de la gratificación a fin de lograr objetivos personales y familiares mayores o vivir con tranquilidad, no con la espada de Damocles de la deuda permanentemente sobre nuestras cabezas.

Cabría decir también que la imagen que la publicidad presenta de la vejez es absolutamente denigrante, grotesca, abusiva, discriminatoria, injusta, burlona, ofensiva y basada en el peor de los prejuicios. Sin embargo, una persona mayor no es tonta, inútil, ni está imposibilitada para cumplir sus proyectos. Una persona mayor puede trabajar, liderar, luchar, divertirse, pensar, inventar, enamorarse y ayudar.

De esta manera una publicidad ingeniosa, graciosa, que nos habla del disfrute y el cumplimiento de proyectos, nos manipula haciéndonos creer que si no nos endeudamos y gratificamos ya por medio del consumo, seremos unos viejos tontos que cuando nos acordemos de disfrutar ya no sabremos cómo hacerlo. El necio se traga ese mensaje y sale corriendo a usar la tarjeta de crédito, a pedir un préstamo, es decir, a esclavizarse.

Por supuesto, el Banco Francés también alcanzó sus objetivos, ya que se triplicaron los préstamos personales en apenas unos meses. Según la perspectiva bíblica, el número de esclavos se triplicó.

EL CRITERIO DE LO PROVECHOSO

El apóstol Pablo afirma en 1 Corintios 10.23: «"Todo está permitido", pero no todo es provechoso». No debemos preguntarnos solamente si algo está permitido o no. La pregunta ética y que nos permite poner en práctica el discernimiento no es: «¿Está permitido?», sino más bien un creyente maduro debe preguntarse y preguntarle al Espíritu Santo: «¿Esto es provechoso?».

Cuando Dios nos da sus mandamientos, no lo hace por él, sino por nosotros, para nuestro provecho. Sería absurdo pensar que cuando el fabricante de una prenda de vestir nos dice cómo lavarla, secarla o plancharla, así como lo que no debemos hacer para no arruinar la prenda, lo hace porque es un represor o desea coartar nuestra libertad en lugar de como una indicación para nuestra conveniencia y provecho.

Así que el cristiano entendido se pregunta: ¿esto que me presenta la publicidad, que se me ofrece en venta, es para mi provecho, me conviene? Tal cosa implica cotejar lo que se me ofrece con mis objetivos de vida. Puede que lo que se me ofrezca sea bueno, es decir, supere el primer filtro de lo bueno y lo malo. No obstante, ¿me es provechoso? Por ejemplo, si estoy ahorrando para adquirir mi propia vivienda y me ofrecen comprar un automóvil, la pregunta del provecho resulta esencial, ya que seguramente comprar un automóvil no tiene ninguna connotación ética negativa, pero a los fines de alcanzar mi objetivo actual de comprar una casa puede ser algo no provechoso, que retrasará el cumplimiento de mi meta.

EL CRITERIO DE LA EXCELENCIA

Es preciso ser conscientes de que somos llamados a la excelencia. Y muchas veces lo bueno es enemigo de lo mejor. Por eso el apóstol Pablo avanza un paso más cuando nos dice: «"Todo está permitido", pero no todo es constructivo» (1 Corintios 10.23).

La adquisición de un determinado producto, la contratación de un servicio, ¿resultará constructiva y edificante para mí? Preguntemos: «¿Señor, esta propuesta me hace crecer, me lleva a la excelencia o me postra en la mediocridad?». No hay nada de malo en que uno vea los deportes por televisión, ¿pero verlos todo el tiempo es constructivo? ¿No será mejor que haga ejercicios físicos o practique algún deporte yo mismo? ¿O que use parte de ese tiempo en el estudio de un idioma o la práctica de alguna disciplina espiritual?

Consumimos muchas cosas que no son malas en sí mismas, pero que no nos impulsan a la excelencia. Y cada vez que le decimos que sí a algo, le estamos diciendo que no a otras cosas. Fuiste llamado por un Dios excelente a demostrar excelencia.

EL CRITERIO DE LA AUTONOMÍA

Hay un cuarto nivel de discernimiento espiritual al que se accede por medio de un cuarto criterio de discernimiento. «"Todo me está permitido", pero no dejaré que nada me domine» (1 Corintios 6.12). Aunque todo me está permitido, no consentiré en que nada me domine, ni siquiera las mejores cosas. Esto implica un grado mayor de madurez, vivir en el nivel de la libertad cristiana.

¿Cuándo algo bueno te domina? He aquí una sugerencia: cuando tu alegría o tristeza depende de esa cosa, esa relación, esa actividad o ese bien. Cuando tu sentido de plenitud o realización depende de esa cosa, cuando no puedes vivir sin ella y tu alabanza se ve condicionada a eso. Siempre que esto ocurre, ese algo se ha transformado en tu Señor. Puede ser algo bueno, necesario, hermoso o provechoso. Aun más, puede tratarse de la mejor opción. No obstante, si te domina, modela tu carácter, condiciona tu relación con Dios, es la razón de ser de tu vida, hace girar sobre ella tu felicidad y plenitud, se ha transformado en tu Señor y te ha dominado.

«He aprendido a estar satisfecho en cualquier situación en que me encuentre. Sé lo que es vivir en la pobreza, y lo que es vivir en la abundancia. He aprendido a vivir en todas y cada una de las circunstancias, tanto a quedar saciado como a pasar hambre, a tener de sobra como a sufrir escasez» (Filipenses 4.11-12). ¿Por qué? Porque «todo lo puedo en Cristo que me fortalece» (4.13). Es decir, el único que domina mi vida es él.

Así que un cristiano maduro se pregunta: «¿Señor, esto me está dominando? ¿Esta propuesta se ha transformado en el centro de mi vida? ¿Podría vivir sin eso que se me ofrece? Porque lo que yo quiero Señor, es entronizarte solo a ti».

EL CRITERIO DE LA IDENTIFICACIÓN IDOLÁTRICA

La publicidad tiene como uno de sus objetivos crear en el posible consumidor el deseo de obtener un producto determinado. Para ello, muchas veces se recurre a una personalidad conocida con la intención de utilizarla como atracción.

La intención es apoyarse en uno de los deseos básicos que las personas tienen, que es ser exitosos en la vida, tener fama y recibir el reconocimiento de las demás personas. A partir de ahí, se crea la sensación de que si la persona consume ese producto que la celebridad promueve, también alcanzará los logros que el personaje ha alcanzado, es decir, éxito, fama, dinero y poder. Empresas como Nike construyeron su marca sobre tal idolatría.

Desde una perspectiva cristiana, habría varios elementos que deberían formar parte de la reflexión y las decisiones éticas de cada persona. El primero es que antes de ser manipulado por la publicidad, uno debería preguntarse si esos valores de éxito, fama, dinero y poder que están asociados al personaje son los mismos que la Palabra de Dios promueve. Todos queremos ser exitosos en lo que hacemos, ¿pero qué significa el éxito según la Biblia? ¿Es lo mismo que ese personaje famoso proyecta? El cristianismo no es la manera en que alcanzo mis viejos deseos y aspiraciones, sino implica la conversión de esos viejos deseos y aspiraciones en los deseos y aspiraciones de Dios.

Un segundo elemento es: ¿acaso por comprar un determinado producto voy a alcanzar mis metas como el famoso las ha alcanzado? ¿Lo que admiro del gran tenista Roger Federer es el reloj que usa y promueve, o el resultado de su talento dado por Dios, su disciplina y su esfuerzo en el entrenamiento? ¿Más bien no será que el logro de mis objetivos es el resultado de estar enfocado en el propósito para el cual Dios me creó y añadir cada día mi esfuerzo para llevarlo adelante?

Un tercer elemento a considerar es la identificación con la personalidad famosa. Que una persona haya alcanzado éxito en lo que hace no necesariamente la convierte en un modelo a emular. Muchas veces un excelente jugador de fútbol no es el mejor ejemplo de vida. O una talentosa actriz o cantante no muestra una conducta digna de imitar. Sin embargo, aun cuando el personaje tenga valores y su vida y conductas sean meritorias, el cristiano entendido debe sopesar lo que implica toda identificación.

Esto es importante sobre todo para los adolescentes y jóvenes, los cuales se mimetizan tanto con ese personaje que admiran, que frenan el desarrollo de su propio potencial. Toda imitación es solo eso, e implica la pérdida de la singularidad con la que Dios nos creó para tratar de ser como la persona famosa. Sin embargo, Dios nos creó únicos. Está bien que durante el proceso de maduración de una persona imite a un gran líder. El apóstol Pablo decía: «Imítenme a mí, como yo imito a Cristo» (1 Corintios 11.1), pero precisamente ese texto está en un contexto donde Pablo les advierte a los creyentes contra la idolatría, promueve la libertad que tenemos en Cristo, y le da un contenido explícito a esa imitación de sí mismo cuando dice en el versículo anterior: «Hagan como yo, que procuro agradar a todos en todo. No busco mis propios intereses sino los de los demás, para que sean salvos» (1 Corintios 10.33). No se trata de imitar al apóstol en hacer lo que él hizo o lograr lo que él logró, sino es una cuestión de actitud, de buscar el bien de los demás para que todos se salven; es decir, de mostrar la misma actitud que tuvo Jesús, que no vino para ser servido, sino para servir y dar su vida en rescate por muchos (Mateo 20.28).

Cuando la imitación se convierte en idolatría, no solo es pecado, una limitación del potencial y una anulación de la singularidad de cada uno, sino que también tiene serias consecuencias espirituales y psicoemocionales, atando espiritualmente a la persona a espíritus que toman control de su ego activo volitivo.

EL CRITERIO DE LA VERDAD

En el proceso de discernimiento resulta también esencial poder identificar si me están vendiendo un producto o un estilo de vida, o incluso una cosmovisión o como se le llama en el mundo de las marcas, una cultura. Y además si esa visión de la vida y la realidad coincide con la Palabra de Dios, que es la verdad.

Muchas veces la publicidad resulta engañosa en cuanto a los valores que se transmiten a partir del producto. A veces esto es algo explícito, otras no. Por ejemplo, la publicidad del perfume *Joy of Pink* de Lacoste muestra unas mujeres jóvenes paseando en un auto descapotado mientras desde lo alto caen sobre ellas serpentinas de colores. Lo que el aviso proyecta es una imagen de libertad que produce plenitud, de modo que cualquiera que recibe ese valor estaría de acuerdo en decir que lo comparte. Sin embargo, cuando uno lo analiza más detenidamente, se percata de que la música de fondo es la canción «Life is Now» del grupo If the Kids, cuya letra es toda una declaración de una cosmovisión que incluye un concepto de libertad en el cual se critica abiertamente la perspectiva bíblica de la vida, se promueve el amor prohibido, el pecado, la rebeldía hacia los padres y se considera que Dios es senil. Todo como expresión de la libertad.

Un cristiano tiene que preguntarse ante una propuesta publicitaria: ¿qué valores me transmite esta publicidad y qué contenido le da a ese valor?

EL CRITERIO DE LA SANIDAD

Este aspecto de la tarea de discernir apunta no tanto al producto ni examina solo la publicidad, sino implica un autoexamen. ¿Qué es lo que despierta en mí esta publicidad? En algunos casos, la respuesta podría ser: «Mi necesidad de sentirme importante». En otros: «Mi necesidad de aceptación». En algunos más: «Mi necesidad de lograr un sentido de pertenencia».

Una publicidad del automóvil Fiat Punto muestra a un muchacho con una gran nariz conduciendo dicho vehículo acompañado de una linda chica. El diálogo entre ellos se refiere al hecho de que en el pasado él había sido narigón, pero un día se miró al espejo y ya no lo fue más. Entonces el aviso concluye con una voz y un epígrafe que dicen: «Un auto diferente te hace sentir diferente». Obviamente, su rostro no había cambiado ni su nariz se redujo, pero el hecho de haber tenido acceso a ese auto le hacía sentir que ya no era un narigón.

Uno debería preguntarse ante cualquier publicidad: ¿me siento atraído a comprar este producto por el producto en sí mismo o debido a la falta de sanidad interior en mi vida?

Una variante aun más grave es la compra compulsiva, el famoso: «¡Llame ya!». Esto indica un vacío que la persona está intentando llenar con el consumo. Deberíamos preguntarnos: «¿Qué estoy tratando de llenar con mi consumismo? Si compro este producto, ¿en realidad soluciono mi necesidad de seguridad, mis temores a no tener, mi angustia, mi ansiedad? ¿Desaparecerán estas sintomatologías negativas cuando tenga este producto en mi mano?

EL CRITERIO DE LA IDENTIDAD

Oliviero Toscani es un fotógrafo italiano reconocido por sus controvertidas campañas publicitarias en las décadas de 1980 y 1990, diseñadas para Benetton. Este hombre hace una afirmación tremenda: «La publicidad es un cadáver que apesta y sobre el cual siguen echando garrafas de perfume francés». Creo que una de las manifestaciones de este «mal olor» es la manipulación que la publicidad provoca en lo que se refiere a la autoimagen como parte de la autoestima, en especial de los adolescentes. Los medios de comunicación conjugan elementos ideológicos y comerciales que ofrecen estereotipos, tanto para hombres como para mujeres, con los cuales muchos adolescentes se comparan y a los que tratan de imitar.

En el año 2007, Toscani vuelve a provocar polémicas con unas fotografías para una campaña de la firma de ropa italiana *Nolita*, en las que aparecía la modelo francesa Isabelle Caro, conocida por padecer de anorexia. Las imágenes mostraban a Isabelle extremadamente delgada, desnuda, con los huesos de su cara y columna vertebral muy notorios bajo su piel y todo su cuerpo extremadamente afectado por este trastorno alimenticio. El propósito tanto de la firma como del fotógrafo era mostrar el problema existente en el mundo de la moda y también el poder de la publicidad en la transmisión de estereotipos que construyen la identidad de las personas.

Esto va más allá de las enfermedades provocadas por los trastornos alimenticios, el tema de la delgadez y la autoimagen. Del mismo modo, supera el universo de los adolescentes y se aplica a todos, porque si bien en esa franja etaria es donde se empieza a definir la identidad, lamentablemente la sociedad posmoderna ha producido generaciones de jóvenes y adultos que viven crisis de identidad y no pueden definir quiénes son, para qué están, ni su valía. Por lo tanto, afirmar nuestra identidad en Cristo y rechazar toda manipulación vía publicidad y medios de comunicación en general resulta una tarea prioritaria.

EL CRITERIO DE LA NECESIDAD

Ya a mediados de la década de 1960, el filósofo y sociólogo alemán Herbert Marcuse advertía que la sociedad se había convertido en una creadora de falsas necesidades, las cuales integrarían al individuo al sistema de producción y consumo existente, focalizado a través de los medios de comunicación masiva, la publicidad y el sistema industrial. Este sistema daría lugar, según él, a un universo unidimensional, integrado por sujetos con «encefalograma plano», donde no existe la posibilidad de pensar críticamente ni discernir.

La publicidad no solo refleja y promueve la realidad, sino que crea una realidad nueva, sembrando necesidades donde no las hay. Todos somos consumidores, pero no todos somos consumistas. Sinay aclara bien la diferencia: «El consumo es tal cuando hay una relación entre lo adquirido y una verdadera necesidad. Cuando las necesidades son atendidas, el cuerpo o el alma (según cuáles sean esas necesidades) queda en paz. En cambio, cuando el consumo acude al reclamo de un deseo, apenas el deseo quede satisfecho dará nacimiento a uno nuevo (de más de lo mismo, pero en mayor cantidad; o de algo diferente, pero igualmente insuficiente). En la carrera de los deseos, nunca hay satisfacción, calma o serenidad. Cuando nos referimos a la atención de una necesidad podemos hablar de consumo; cuando se trata de deseos, hablamos de consumismo».

Por tal motivo, debemos preguntarnos si lo que se está ofreciendo responde a una verdadera necesidad o simplemente viene a satisfacer un deseo que nos dejará no solo tan insatisfechos como antes, sino que generará al igual que una droga la necesidad de consumir más o la búsqueda desesperada de otra cosa, pues lo consumido no resultó suficiente. ¿No te parece muy sintomático que el verbo consumir se use tanto para la compra de bienes y servicios como para el uso adictivo de drogas?

EL CRITERIO DE LA RECOMPENSA

A Daniel González, uno de los pastores que trabaja conmigo en la Iglesia del Centro, Dios lo ha levantado para ayudar al pueblo de Dios a salir de la pobreza. Él siempre enseña que para crecer económicamente y en cualquier otra área se necesita tener un sentido de recompensa, no de gratificación inmediata. Por ejemplo, prescindir de las vacaciones a cambio de comprarse una casa. O suprimir alguna actividad de esparcimiento a cambio de estudiar una carrera. Se prescinde de una gratificación que puede producir en lo inmediato deleite a fin de gozar de forma permanente de una recompensa mayor.

La recompensa implica sacrificio, pero produce resultados perdurables. Por el contrario, la gratificación es inmediata, pero produce resultados intrascendentes. Mi amigo Daniel González afirma que la diferencia entre los que crecen económicamente y se desarrollan en todas las áreas de su vida y el resto radica en que los que crecen y se desarrollan saben esperar y dejan los deleites para el final.

Es decir, para crecer en la vida es necesario al menos tener tres cosas. La primera es un correcto orden de prioridades. La segunda, una visión de la vida a largo plazo. La tercera, desarrollar carácter.

En la historia de Jacob y Esaú y la pérdida de la primogenitura de este último, encontramos esta diferenciación entre la gratificación inmediata y la recompensa. Esaú se dejó llevar por la gratificación momentánea que un plato de lentejas le podía producir. Se dejó seducir por la «publicidad» del color rojo del guiso que le provocaba. No tuvo claras sus prioridades, y por la gratificación producida por un plato de comida que tardó apenas unos minutos en digerir, se perdió la recompensa nada menos que de la primogenitura.

Todo cristiano debe preguntarse: ¿esto que se me presenta a través de esta publicidad apunta a lograr lo que he establecido como mis reales prioridades de vida, o es algo que me gratificará en el momento, pero me hará postergar o perder definitivamente la posibilidad de alcanzar mis metas?

EL CRITERIO DEL AMOR

La Biblia define al amor como el camino más excelente. Es decir, el amor constituye la mejor elección, la mejor alternativa, la mejor opción en la vida de un creyente. Por eso, un cristiano es capaz de sacrificarse por amor a otros, manifestando la expresión por excelencia del amor, que es dar.

El Viernes Negro es el día en que se inaugura la temporada de compras navideñas con significativas rebajas en muchas tiendas minoristas en los Estados Unidos. Más allá del origen del nombre, creo que en verdad para muchos se trata de un viernes negro, ya que se ha convertido en un día de consumismo desenfrenado, en el que las personas se agolpan (literalmente) a fin de comprar productos, la mayoría de los cuales no solo no necesitan, sino que ya tienen. Así que en una sociedad consumista como la estadounidense, ese día tiene lugar la exaltación del consumo enfermizo.

Este despropósito se importó a otros países de nuestro continente, con distintos días y nombres. En Argentina sucede algo parecido el día anterior a la Nochebuena. Reflexionando sobre lo que ocurre ese día, Sergio Sinay señala que si alguien propusiera en esas fechas de supuesta espiritualidad dedicar solo un treinta por ciento de lo que se gasta a donaciones para hospitales, comedores infantiles, escuelas y otras instituciones solidarias, la respuestas serían algo como: «Yo ya pago mis impuestos para que no haya esas necesidades». «Primero están mi familia y mis seres queridos». «Que ellos aprendan a conseguir lo suyo, como yo aprendí a conseguir lo mío». «Trabajo para mí, no para mantener vagos».

Sin embargo, el cristiano tiene un camino más excelente que transitar. Un verdadero discípulo de Jesús no puede dejar de preguntarse, no solo en fiestas y ocasiones como estas, sino siempre: ¿habrá alguien a quien pueda ayudar con todas las bendiciones que ya he recibido? ¿De qué manera y a quiénes puedo mostrarles el amor de Dios a través de mi dar? ¿No será mejor invertir este dinero que voy a gastar en esta oferta publicitaria en alguien que lo necesite?

¿VIERNES NEGRO O DOMINGO DE LUZ?

Uno bien podría afirmar que el nivel que alcanza el consumismo en una determinada sociedad es una clara muestra del vacío existencial y la insatisfacción que padecen la mayoría de sus miembros. No obstante, se supone que los creyentes, que lo tienen todo en Cristo y han encontrado en Jesús la vida abundante y la satisfacción existencial, no deberían ser víctimas de la manipulación a la que la sociedad de consumo somete a la gente por medio de la publicidad.

Además del Viernes Negro, hubo otro viernes que fue verdaderamente negro, oscuro y tenebroso. Tuvo lugar cuando Jesús dio su vida en la cruz, sufriendo todo tipo de torturas y finalmente la muerte. El que lo tenía todo y podía disfrutar de todo, lo entregó todo, aun más, se entregó a sí mismo por amor a nosotros. Lo hizo para que fuéramos libres de todos los días negros y redimirnos de toda forma de esclavitud y manipulación. Y al tercer día, el poder de Dios convirtió ese viernes negro en domingo de luz, de alegría, de plenitud, de libertad.

A diferencia de los pollos engordados para el consumo, tú y yo podemos elegir ser libres o esclavos de la manipulación publicitaria y la sociedad de consumo que nos despersonaliza. Lo contrario a la manipulación es la libertad de elegir. ¿Qué escogerás, días negros o días de luz?

Conclusión

¡BASTA!

> En esta revolución antropológica (así llama a la conversión a Cristo) no se trata de una liberación de nuestra pobreza y miseria, sino de nuestra riqueza y bienestar sobreabundantes; no se trata de una liberación de nuestras insuficiencias, sino de nuestro consumo, en el que finalmente nos consumimos nosotros mismos; no se trata de una liberación de nuestra impotencia, sino de nuestra prepotencia; no se trata de una liberación de nuestra existencia dominada, sino de nuestro dominio; no se trata de una liberación de nuestros sufrimientos, sino de nuestra apatía; no se trata de una liberación de nuestra culpa, sino de nuestra inocencia o, mejor dicho, de aquel delirio de inocencia que ha expandido hace ya mucho la vida de dominio en nuestros espíritus. Esta revolución antropológica pretende precisamente llevar al poder a las virtudes que no se relacionan con el dominio.[18]
>
> —Johann Baptist Metz, *Más allá de la religión burguesa*

Seiscientos años antes de Cristo, un esclavo griego llamado Esopo, famoso por escribir fábulas, creó una que seguramente describía su propia realidad, ya que Heráclides Póntico menciona que Esopo era una persona natural de Tracia, nacido esclavo de Jantos y posteriormente liberto de Idmon. Su fábula *El águila del ala cortada* cuenta que cierto día un hombre capturó a un águila, le cortó las alas, y la soltó en el corral junto con todas sus gallinas. Apenada, el águila, que antes fuera poderosa, bajaba la cabeza y se la pasaba sin comer, pues se sentía como una reina encarcelada. Otro hombre pasó y la vio, le gustó y decidió comprarla. Le arrancó las plumas cortadas y se las dejó crecer de nuevo. Una vez restaurada el águila de sus alas, alzó vuelo y apresó a una liebre para llevársela en agradecimiento a su liberador.

Tal vez fuiste víctima de la manipulación y los manipuladores, sintiendo que tus alas fueron cortadas. Eso te convirtió en un esclavo, te hizo vivir en un mundo de gallinas, cuando en realidad Dios te creó para ser un águila. Como en la fábula de Esopo, viviste apenado, con tu cabeza gacha, sintiéndote como un rey encarcelado.

No obstante, un día otro hombre, Jesús de Nazaret, decidió comprarte. Y hoy es el momento en que quiere arrancarte las plumas cortadas, que no son otra cosa que las marcas de la manipulación, pero sobre todo las causas que te llevaron a dejarte manipular por otros. Su deseo es que vuelvas a volar, que tus alas crezcan de nuevo y remontes definitivamente el vuelo.

Al manipulador sanguijuela nada lo sacia, por eso no se cansa de querer controlar y dominar a los demás, para ver si logra a través de la manipulación sentirse satisfecho. Como señalan las Escrituras: «Nunca dice: "¡Basta!"». Sin embargo, tú que has sido manipulado en el pasado y herido, tienes que aprender a decirlo. Al primero que se lo tienes que decir es a ti mismo: «¡Basta de entregarle el poder de mi vida a otra persona!». Y luego a los que quieren dominarte por medio del temor, la culpa, la victimización, la seducción y el control: «¡Basta! Cristo me hizo libre, y no voy a dejar que me vuelvan a esclavizar!».

El salmo 126 declara:

Cuando el SEÑOR hizo volver a Sión a los cautivos,
nos parecía estar soñando.

Nuestra boca se llenó de risas;
nuestra lengua, de canciones jubilosas.
Hasta los otros pueblos decían:
«El SEÑOR ha hecho grandes cosas por ellos.»
Sí, el SEÑOR ha hecho grandes cosas por nosotros,
y eso nos llena de alegría.
Ahora, SEÑOR, haz volver a nuestros cautivos
como haces volver los arroyos del desierto.
El que con lágrimas siembra,
con regocijo cosecha.
El que llorando esparce la semilla,
cantando recoge sus gavillas.

Dios quiere liberarte de la cautividad de la manipulación y que vuelvas a soñar, a volar, porque su voluntad es llenar tu boca de risas y tu lengua de canciones jubilosas por medio de las grandes cosas que desea hacer en tu vida y a través de ti. Si fuiste manipulado, te redujeron a la condición de cosa, de objeto. Las cosas no sueñan, los objetos no se ríen, no alaban. Sin embargo, Dios no te hizo un objeto, sino un sujeto. No te creó como una cosa, sino como una persona hecha a su imagen y semejanza. Por eso es tiempo de que digas definitivamente: «¡Basta!».

Si al leer este libro te has dado cuenta de que muchas veces la manipulación ha sido tu estrategia para relacionarte con los demás, a ti también el Señor que te ama quiere hacerte libre. En el salmo 68, Dios te hace una promesa maravillosa: «Bien que fuisteis echados entre los tiestos, seréis como alas de paloma cubiertas de plata, y sus plumas con amarillez de oro» (v. 13, RVR60). El texto dice que fuiste echado entre tiestos, entre pedazos de vasijas de barro, es decir, entre las cosas sin valor. Tal vez te sientes así debido a un fracaso muy traumático en tu vida, a una frustración que te marcó. Quizás te tiraron entre las cosas sin valor a causa del desprecio de otros, el abandono, el rechazo, probablemente el de tus propios padres, de modo que hoy sientes que no vales nada.

El enemigo también te asegura que eres un pedazo de barro sin valor. De modo que tu falta de valorización hace que te levantes a dominar y controlar a los otros. Sin embargo, Dios promete que convertirá a ese pedazo de barro que eres tú en alas de paloma. La promesa para ti es que en lugar de estar tirado, echado, postrado, vas a volar. Dejarás el mundo de las gallinas, de los que se arrastran, y te convertirás en alguien que se remonta a las alturas.

El Espíritu Santo en forma de paloma descendió sobre Jesús al iniciar su ministerio, y hoy desciende sobre ti y te monta sobre sus alas, te levanta de entre los tiestos y te dice: «Aunque seas de barro, con mi poder y mi unción te recubro de plata y oro brillante».

Los que te desvalorizaron no podrán resistir tu brillo. Su desprecio tuvo impacto en tu vida simplemente porque lo creíste, pero ahora vas a creer solo lo que Dios te dice. Las personas que te rechazaron van a tener que levantar sus ojos, porque te verán volar. No en el sentido que pensaste hasta hoy. No volando para estar por encima de los demás, sino para despegarte definitivamente de tus propias miserias y liberar en ti las características de un discípulo de Cristo dichoso, según el Sermón del Monte.

Como dice Metz en el epígrafe de este capítulo, la conversión consiste precisamente en desatar todo aquello que no tiene nada que ver con el dominio de los demás. A mi mente viene el profeta Jeremías cuando el Señor lo envió al taller del alfarero. Las Escrituras indican que una vez que llegó, encontró al alfarero trabajando en el torno. De pronto, vio que una vasija que el alfarero tenía en sus manos se deshizo, echándose a perder, pero el alfarero tomó otra vez el barro e hizo otra vasija tal como él quiso. Entonces vino una palabra de Dios a Jeremías y le dijo: «¿Acaso no puedo hacer con ustedes lo mismo que hace este alfarero con el barro?» (Jeremías 18.6). En otras palabras: «Ustedes son en mis manos como el barro en las manos del alfarero. En un instante puedo hablar y plantar algo nuevo y fructífero, en un instante puedo edificar lo que estaba derrumbado, en un instante puedo sanar y restaurar».

Permite ahora que el gran Alfarero ponga sus manos en ti y te rehaga como él quiere. Créele al Espíritu Santo y deja que recubra tus alas de plata y oro. Permite que plante y edifique, que sane y restaure, que te haga remontar vuelo, que te haga brillar.

En la cruz del Calvario, a Jesús lo intentaron manipular una y otra vez usando las mismas estrategias. Miedo, con cada golpe y cada tortura. Culpa, mediante las acusaciones de los jefes de los sacerdotes y los ancianos judíos. Desvalorización y humillación, a través de la mofa que implicaba vestirlo con un manto escarlata, colocarle una corona de espinas y reverenciarlo de forma burlesca, arrodillándose ante él y diciéndole: «Salve, rey de los judíos», mientras le escupían. Victimización, por medio de las acusaciones de que Jesús violaba la ley. Seducción engañosa, diciéndole: «Si eres el Hijo de Dios, baja de la cruz y sálvate a ti mismo». Dominio violento, crucificándole.

Sin embargo, a pesar de todos los intentos con los que quisieron eludir la identidad y el propósito de Jesús, no lograron absolutamente nada. Jesús no se bajó de la cruz, no se salvó a sí mismo. Sin embargo, nos bajó a ti y a mí de la cruz que merecíamos. Liberó a todos los que por temor estábamos sometidos a esclavitud durante toda la vida. Perdonó a todos los que a causa de nuestra culpa y pecados vivíamos en condenación. Derramó gracia sobre los que habíamos sido desvalorizados y humillados por el mundo. Rompió las cadenas de la victimización y la seducción que controlaban y dominaban tu vida y la mía.

Jesús hizo esto para que ni el diablo y sus huestes, ni ninguna persona o sistema, pudieran manipularte. Y la libertad que te ha dado no implica solo la ruptura de toda ligadura de manipulación. Él no solo te ha librado de toda atadura, sino que lo ha hecho con un propósito. Te ha libertado para que sepas que ya estás completo en Cristo, que eres valorizado, aceptado, aprobado, redimido, elegido, restaurado, adoptado, perdonado y levantado en él. Para que tengas la seguridad de que el Padre celestial te ama de un modo incondicional. Y cuando sabes y crees que nada ni nadie te podrá separar del amor de Dios, entonces ya nunca más nada ni nadie te podrá manipular.

El Señor ya ha hecho brillar su gloria sobre ti. ¡Levántate y resplandece!

Notas

1. «El escorpión y la rana» es una fábula de origen desconocido, aunque atribuida a Esopo.

2. Juan José Arreola, «El rinoceronte», contado en *Confabulorio* (México: FCE, 1952).

3. Gerald W. Piaget, *Personas dominantes: aprenda reconocerlas y evite que controlen su vida* (Buenos Aires: Ediciones B, 1998). pp. 13–14.

4. Henry Cloud y John Sims Townsend, *Límites* (Miami: Vida, 2006), p. 49.

5. Un cuento popular, citado en «El cotorro quiere ser libre», La Página de los Cuentos, 4 abril 2006, http://www.loscuentos.net/cuentos/link/194/194720.

6. Enrique Anderson Imbert, «El suicida», en *Las pruebas del caos* (Buenos Aires: Yerba Buena, 1946), p. 178.

7. C. S. Lewis, *Los cuatro amores* (Madrid: Rialp, 1991), pp. 60–61.

8. Cita atribuida a Nelson Rolihlahla Mandela, la cual originalmente es de *Return to Love: Reflections on the Principles of a Course in Miracles*, de Marianne Williamson (Nueva York: HarperCollins, 1992).

9. Enrique Mariscal, *Cuento para regalar exclusivamente a dioses* (Buenos Aires: Editorial Serendipidad, 2000). (falta p.).

10. «Los tres árboles», leyenda popular de autor desconocido, citado de http://www.paralideres.org/VerArticulo.aspx?Idp=1816.

11. Donald Neff, «Cult of Death: The Jonestown Nightmare», *Time*, 4 diciembre 1978, vol. 112, no. 23, p. 3, http://content.time.com/time/magazine/article/0,9171,912249-1,00.html.

12. «Dime que no», por el cantante Ricardo Arjona, de su disco *Sin daños a terceros* (Sony Discos, 1998).

13. Jaume Soler y María Mercè Conangla, *Juntos pero no atados: de la familia obligada a la familia escogida* (Barcelona: Editorial Amat, 2008), p. 33.

14. Marcelo Luis Tassara y Marcelo Luis, *El drama cultural argentino o por qué no somos un país en serio* (Buenos Aires: Dunken, 2005), p. 105.

15. Simone de Beauvior, *América día a día* (Barcelona: Mondadori, 1999).

16. Sergio Sinay, *El apagón moral: para qué sirven los valores* (Buenos Aires: Paidós, 2013), p. 128.

17. Sergio Sinay, *El apagón moral: para qué sirven los valores* (Buenos Aires: Paidós, 2013), pp. 130–131.

18. Johann Baptist Metz, *Más allá de la religión burguesa: sobre el futuro del cristianismo* (Salamanca: Sígueme, 1982), p. 47.

Nos agradaría recibir noticias suyas.
Por favor, envíe sus comentarios sobre este libro
a la dirección que aparece a continuación.
Muchas gracias.

vida@zondervan.com
www.editorialvida.com